国企改革
12样本

国务院国资委新闻中心　《国资报告》杂志社◎编

中国经济出版社
CHINA ECONOMIC PUBLISHING HOUSE
·北　京·

图书在版编目（CIP）数据

国企改革12样本/国务院国资委新闻中心，《国资报告》杂志社编.
北京：中国经济出版社，2016.9
ISBN 978-7-5136-4393-1

Ⅰ.①国… Ⅱ.①国… ②国… Ⅲ.①国企改革—研究—中国 Ⅳ.①F279.241

中国版本图书馆CIP数据核字（2016）第222140号

责任编辑　王振岭　李煜萍
责任审读　贺　静
责任印制　马小宾

出版发行　中国经济出版社
印 刷 者　北京科信印刷有限公司
经 销 者　各地新华书店
开　　本　710mm×1000mm　1/16
印　　张　18.25
字　　数　225千字
版　　次　2016年9月第1版
印　　次　2017年6月第5次
定　　价　48.00元
广告经营许可证　京西工商广字第8179号

中国经济出版社　**网址** www.economyph.com　**社址** 北京市西城区百万庄北街3号　**邮编** 100037
本版图书如存在印装质量问题，请与本社发行中心联系调换（联系电话：010-68330607）

《国企改革12样本》编委会

序

中共中央、国务院《关于深化国有企业改革的指导意见》颁布一年以来，各项改革措施在中央企业、地方国有企业都取得了实质性进展。脚踏实地，先行先试，真抓实干，步稳蹄疾，我国的国有企业改革由此翻开了新篇章。这让我们更加深刻地认识到改革对国有企业发展的推动作用不可替代，国有企业对国家发展的贡献和地位不可替代。

一年来，国企改革“1＋N”政策体系基本建立，让改革者心里有了数；各地方和企业根据“路线图”制订“施工图”，初步形成的一些可复制可推广的做法和样本，也让我们心里有了底。

国企改革进行时，先行先试开新路。上海基本形成“国资委负责资本监管、国资流动平台负责资本运作、企业集团负责日常经营”新格局；江西省属企业实现国有资产统一监管制度、统一统计评价、统一领导人员管理“三统一”；山东研究起草了关于充分发挥混合所有制企业中小股东作用的指导意见，吸引非国有资本参与混合所有制改革；国家投资公司授权下放，用“小总部”带活“大产业”，给国有资本投资公司作了表率；作为国有资本运营公司试点的中国诚通，一直在探索国有企业布局结构调整的运营新模式；“前港－中区－后城”，招商局把打造国际产能合作平台的蛇口模式推广到了海外；首汽约车，则是首旅集团对老企业利用传统优势拥抱互联网的新尝试……

办法总比困难多。中国改革的历史证明，基层的探索和实践总能为改革破题找到新的出路。国企改革在路上，先行先试开新篇。宝贵的经验能够帮助更多的国企和国资监管部门落实“顶层设计”，样本的力量可以继续引领国企改革务实推进、不断取得新成效。

“不忘初心，继续前进。”下一步的国企改革工作，我们将按照习近平总书记、李克强总理的重要指示批示精神，牢记搞好国有企业、发展壮大国有经济的重大责任，加强对国有企业改革的组织领导，尽快在国有企业改革重要领域和关键环节取得新成效。

我们要理直气壮做强做优做大国有企业，始终坚持社会主义市场经济改革方向，坚持不懈强化国有资产监督，坚定不移加强国有企业党的建设。国资委将以落实“1＋N”文件为重点，以打好瘦身健体提质增效攻坚战为主线，推动国有企业深化改革，创新机制，增强活力、影响力、抗风险能力，加快做强做优做大。

试点工作将持续推进，边试点、边总结、边完善，充分发挥样本的示范、突破和带动作用，以点带面推进改革；市场化改革力度也会加大，打造现代企业的进程也会加快，公司制股份制、股权多元化、投资运营公司、混合所有制等改革都会见到实效；供给侧结构性改革力度的加强，将有效优化国有资本布局结构，压缩层级、减轻负担后，企业将更具活力；国资监管权力清单和责任清单将尽快制定出台，管理不科学、缺位越位的现象将成为历史，国资监管将得到加强和优化；党建工作的加强改进，“两个责任”的落实，容错纠错机制的建立，将为国企改革凝聚强大合力。

在国企改革发展的大道上，我们惟有久久为功、驰而不息，进一步增强改革定力，聚集改革资源，激发改革活力，勇于实践、勇于创新、攻坚克难、真抓实干，以钉钉子精神抓好落实，不断将改革推向前进，为中国经济转型升级打造新引擎，给全国人民带来新红利，为世界经济复苏孕育新动能。

2016 年 8 月

目 录

1. 上海市国资委

简政放权，助推企业家成长集聚

激发企业活力，成为新一轮深化国企改革的出发点和归宿。作为国资国企重镇的上海，在经历了三十余年的经济高速增长后，国企改革红利释放殆尽的迹象正不断凸显，动力活力不够足、作用贡献不够大、能级能量不够高等瓶颈，亟待攻克和突破。

以问题为导向抢抓新一轮改革机遇，上海率先打响地方国企改革第一枪。2013 年 12 月 17 日，通过出台《关于进一步深化上海国资改革促进企业发展的意见》（即“上海国资国企改革 20 条”）为新时期上海市国资国企改革定调，无疑下了一招先手棋。

改革中，上海明确提出：“以国资改革带动国企改革，以提高国有企业活力和国有经济整体竞争力为目标，以公众公司为发展混合所有制经济的主要实现形式，以国有企业分类监管和国有资本统一管理为关键环节，以发挥国有企业党组织政治核心作用，推动有利于企业家成长集聚的制度性建设为根本。”

近三年来，上海分类定责分类改革、管好资本加强监管、加快企业创新转型等重点领域已不断有改革成果落地。“以宽广的视野，构筑宽心的体制机制；以宽松的管制，营造宽容的氛围环境”的目标，正在由构想转化为现实。

分类管理不再是“传说”

在国企改革的众多议题中，分类管理始终是一个颇具争议性和话题性的改革举措。因分类标准、途径和社会资源分配以及效益目标等方面难以取得一致，分类改革一度只是理论层面的一个传说。

“实施分类监管，让不同类型的企业找到自己的归属，在治理结构、管理方式、选人用人、激励约束机制等方面有所区别，分类施策，不刮风、不一刀切；放活企业，让企业真正成为市场主体。”对此，上海市委书记韩正强调。

因此，上海国企改革若想在重点领域率先取得突破，必须啃下分类管理这块硬骨头。

通过调研，“上海国资国企改革20条”最终对国企分类标准做出明确界定：根据企业的市场属性，兼顾股权结构、产业特征和发展阶段，按照资产、营收、利润和人员占企业总值的比例，从而将国有企业分为竞争、功能和公共服务三类。在对所有企业法定代表人实行任期制契约化管理的基础上，对不同类型的企业，分类定责明确发展目标、分类设置法人治理结构、分类明确改革路径和考核要求，切实提高监管的针对性和有效性。

上海国企分类改革表

类型	分类定责	分类改革	分类监管	分类考核
竞争类	经济效益最大化，兼顾社会效益	以公众公司为主要实现形式，发展混合所有制经济	引入市场对标机制	重点考核股东价值、主业发展、持续能力

续表

类型	分类定责	分类改革	分类监管	分类考核
功能类	完成战略任务或重大专项任务，兼顾经济效益	运用市场机制，促进公共资源配置市场化	引入政府主管部门评价机制	重点考核功能作用、运营能力
公共服务类	确保城市正常运行和稳定，实现社会效益	进一步理顺与政府的关系，形成市场化运营模式	引入政府主管部门和社会第三方评价机制	重点考核服务水平、成本控制、持续能力

在上海社科院部门经济研究所所长杨建文看来："分类管理讲了很久，到底怎样管理，上海提出了一套具体办法。国企改革 20 多年，走到这里是一个进步。"

竞争类：政府只管资本、彻底搞活企业

竞争类企业是上海地方国有企业的主体，企业户数占 72%、资产总额占 89%、从业人员占 86%、利润总额和营业收入均达到 96%。可以说，竞争类企业监管成败事关上海国企改革全局。

对于竞争类企业而言，其责任目标在于以效益最大化为重点。因此按照现代企业制度要求，其在治理结构上，加强董事会建设，董事长为法定代表人，原则上兼任党委书记，与总经理分设。深化改革上，以公众公司为主要实现形式发展混合所有制经济。

为充分调动竞争类企业活力、优化国资监管方式方法，上海市 2014 年 7 月出台《推进本市国有企业积极发展混合所有制经济的若干意见》（以下简称《意见》），规范混合所有制高效、稳妥进行。《意见》对不同企业类型对应的股权结构进行规范。（见下表）

企业类型和股权结构

企业类型	股权结构
负责国有资本运营的国有资本管理公司	保持国有独资
负责基础设施和功能开发建设、提供公共服务和民生保障功能类和公共服务类企业	保持国有全资或国有控股
战略性新兴产业、先进制造业和现代服务业的国有重点骨干企业	保持国有控股或相对控股
一般竞争性领域的国有企业	有序进退、合理流动

上海仪电（集团）有限公司（简称“上海仪电”）作为上海的一家老牌国企，正是通过引入混合所有制、盘活企业资源重焕生机。

十二五时期，上海仪电围绕产业链打造和核心竞争力培育，坚持“以我为主”，按照“缺什么补什么”的原则，先后投资并购一批民营企业，由国资控股、民营团队负责经营，并购时设定业绩“对赌”条款，在保持国有控股的基础上，充分发挥经营团队的积极性，促进企业业绩增长。

对于混合所有制企业的经营管理，上海仪电党委书记、董事长王强说：“我把战略看作是上海仪电的主题，混合所有制是围绕企业战略在做。如果企业体制机制、人才机制跟不上，混合所有制就会夭折，战略就无法很好地执行。”

因为混合所有制企业不再是国有“一股独大”，需要一套良性的制衡机制，倒逼企业审视、修订原有的管理制度和管理流程。为此，上海仪电对混合所有制企业要从原来对全资子公司的直接管、全面管改变为间接管、管重点，按照法人治理结构，通过管章程、管派出董监事，通过董事会、监事会体现股东意志来实施管控。

上海仪电通过混合所有制改革改变国企“一只手压倒一片手”的传统管理局面，最直接的效果在于实现企业的跨越式发展。其上市公司飞乐音响并购重组引进民营企业作为第二大股东后，经营业绩取得跨越式发展，2015 年主营业务收入比上年增长 141%，净利润增长 478%。

当然，上海仪电仅仅是上海竞争类国企改革的缩影。2016 年 1 月，韩正先后前往上汽集团、上港集团、仪电集团，调研上海市深化国资国企改革的进展情况时称，从上海国有资本的整体情况来看，目前发展混合所有制中比较可行的方式是努力使国有企业成为公众公司，成为公众公司的比较有效方式是整体上市。“像港务集团、建工集团、汽车集团前两年都在这些方面走出了一大步，下一步还要深化改革。”

上海仪电云计算中心

在不断推进混合所有制经济的基础上，截至 2015 年底，上海竞争类产业集团已基本完成公司制改革，2016 年有望实现公司制改革基本全覆盖。整体上市和核心业务资产上市的企业分别达到竞争类产业集团总数的 1/3，到“十三五”末，整体上市企业将占竞争类企业总量 50% 以上。

功能类：以社会效益为首，兼顾经济效益

与竞争类企业规模庞大有所不同，上海功能类国企规模体量虽然并不特别引人瞩目，却始终承担着诸多事关上海长远发展的战略任务和重大专项任务，事关经济社会发展大局，更关乎群众利益福祉。

为此，对于功能类企业而言，其目标导向以完成战略任务或重大专项任务为重点，兼顾经济效益，力求成为城市功能区域投资开发、重大项目建设中富有效率的投资和运营公司。

在治理结构上，配强监事会，党政分设，总经理兼执行董事。深化改革上，以公司制股份制改革为重点。日常监管上，引入政府主管部门评价机制，重点考核功能作用、运营能力。

2014 年以来，作为上海两家大型功能类国有企业，国际集团、国盛集团完成改组转型，划转股权项目资产总额约 800 亿元，盘活存量资金近 400 亿元，资本运作 80 亿元。申迪集团、申虹公司、临港集团、同盛集团等承担的国际旅游度假区、虹桥商务开发区、临港先进制造业装备基地、洋山深水港区等重大城市功能区域建设按节点进展推进。

为进一步激发功能类企业活力，提高资源配置效率，努力控制融资成本和管理成本，上海同样做出明确要求。其中，投资和运营为主的企业力争实现降本增收、降本增效；投资为主业的企业，投资项目要符合国资布局导向要求，市场化项目投资收益率不低于 8%。

公共服务类：力推特许经营

众所周知，在涉及环境、水务、交通、电力能源等公益性较强

的经济领域，国有企业发挥着不可替代的关键作用。深化公共服务类企业改革，探索出这类企业的市场化改革之路，对于国企改革而言极具示范性意义。

上海在深化公共服务类企业改革中，明确引入市场机制，而改革的市场化形式是特许经营。在目标导向上，以确保城市正常运营、实现社会效益为重点。在治理结构上，配强监事会，党政分设，外派财务总监。在深化改革与日常监管上，引入政府主管部门和社会第三方评价机制，重点考核服务水平、成本控制、持续能力。

为着力控制成本，实施成本规制的企业，严格执行《成本规制管理办法》，加强成本核算；未实施成本规制的企业，收入覆盖成本率保持稳定或有所提高，企业融资成本率不高于央行公布的市场同期贷款利率，资产负债率保持稳定。目前，公共服务类企业已初步形成市场化运营模式，市民满意度排名相关行业前列。

值得一提的是，对于企业业务存在跨类别情况的混合型企业，重点做好跨类业务的分别认定、分业核算和分类考核，2015 年，上海对 14 家企业 42 项跨类业务进行了认定，并实行分业考核。根据企业发展实际，着眼促进企业成为市场主体动态调整分类，对竞争类企业要求调整为功能类或公共服务类严格把关，对功能类和公共服务类企业要求调整为竞争类积极支持。

管好资本

从以管企业为主转向管资本为主，新一轮深化国企改革呈现出崭新面貌。当然，改革理念转变带来的绝非是监管体制的修修补补，一场极具革命性意义的监管体制改革正悄然发生。上海注定会为这次监管变革增添有力注脚。

“新一轮国资国企改革是否成功，关键就看‘两个提高’的目标能否实现。”上海市委副书记、市长杨雄坦言，现在政府对国有企业管得过多、过细，还有干预企业投资经营决策的情况。政府不能既当“裁判员”又当“运动员”，要敢于“开闸放水”“放虎归山”，坚持市场化取向，让国企的“原动力”持续迸发。

上海从实际出发，依法履行出资人职责，通过抓好资本布局、资本运作、资本安全、资本回报四个重点，形成了“国资委负责资本监管、国资流动平台负责资本运作、企业集团负责日常经营”的格局。

规范运作

规范化的资本运作平台和体系，有助于守住防止国有资产流失的红线。打造合法、合规、透明、高效的资本运作平台，成为上海国企改革的题中应有之义。

据“上海国资国企改革20条”第六条显示，坚持统筹规划，优化完善国资流动平台运营机制，充分发挥市场配置资源功能，推动国有控股上市公司、非上市公司开放性市场化重组整合，实现资源、资产、资本、资金的良性循环，为培育发展战略性新兴产业、加快基础设施建设、保障服务民生等提供有力支撑。

为此，上海以国际集团、国盛集团为主搭建国资流动平台。两家平台公司累计持有股权涉及资产总额约500亿元，通过纵向整合与横向联动，引入可交换公司债、ETF等新型金融工具，促进股权流动。其中以上海建工为标的发行的可交换公司债创造了当时国内证券市场可交换公司债的最大规模。

除此之外，上海在探索金融创新工具方面，样式不断翻新。

2016 年 5 月 11 日，中证指数公司推出上海国企指数，可谓在证券市场引起了不小的波澜。

中证上海国企指数纳入 66 家上海地方国有控股上市公司，综合反映上海国企 A 股上市公司的整体状况。之后的 7 月 22 日，汇添富基金公司在其基础上发起成立的中证上海国企 ETF，成为可以在证券交易所上市交易的开放式指数基金。

“这是上海利用金融创新工具助推实体经济的一个重大创新。2015 年‘股灾’之后，监管部门对于个股的出售、市场上交换都有严苛的规定。按照这些规定，平台的操作就有一些困难。因此，建立 ETF 之后，利用个股换 ETF 这种方式，加强国资在金融市场资源配置功能。”上海市政府副秘书长，上海国资委党委书记、主任金兴明表示。

[**链接**]

上海国资流动平台资产金融化首单落地

国盛集团 2015 年 11 月 3 日公告，拟以持有的上海建工 A 股股票作为交换标的，公开发行 50 亿元的可交换公司债券，初始换股价格为 10.52 元/股，较 11 月 2 日上海建工收盘价 8.22 元溢价 28%。票面利率为 1%，到期后公司将以本次发行的可交换债票面面值的 103% 价格（不含最后一期年度利息）向投资者兑付全部未换股的可交换债。

债券发行期为 6 年，投资者拥有充足的转股机会，同时该债券还设定了几乎所有转债产品的下修价格、投资者回售、强制赎回等含权条款，表达了较强的换股意愿。

作为国资流动平台，国盛集团通过市场化的方式，把盘活的资金用于战略性新兴产业、城市基础设施的建设以及社会保障的补充，成为国资优化布局的重要渠道。此次国盛集团以持有的上海建工A股股票作为担保物发行可交换公司债券，被视为上海市新一轮国资国企改革的重要内容之一。

统一监管

近年来，由于历史等原因，仍有部分国有经营性资产直接从属于各党政机关、事业单位，长期形成的多头监管、政企不分格局仍未被彻底打破。将经营性资产纳入统一监管，这是新一轮深化国有企业改革的明确方向。为此，上海已经做出若干有益探索。

2008年8月31日，上海市委、市政府印发了《关于进一步推进上海国资国企改革发展的若干意见》（沪委发〔2008〕9号），提出市属经营性国资统一纳入国资监管范围。2009年4月8日，上海国资国企改革发展工作会议提出，要结合政府机构改革，进一步推进政企分开，按照"统一授权、统一规则、分类监管"的原则稳妥推进国资监管全覆盖工作。

为进一步理顺国资监管体制，2016年上半年，国资委对金融企业国资实行统一监管，探索"实体经济（产业）+虚拟经济（金融）+技术经济（互联网）"新模式，实现产融结合。

金融资产的统一监管，其显著的表现在于上海国有资产流动平台持有的上市公司股权越来越多。上海浦东发展银行（下称"浦发银行"）于2014年启动了收购上海信托控股权的计划。在此过程中，浦发银行通过向上海国际集团发行股份的方式购买资产，并于2016年3月实施完成，实际收购上海信托97.33%股权。

自纳入统一监管后，浦发银行合并持股第一大股东为上海国际集团，2011年初，其与关联子公司共持有浦发银行股份45.36亿股，

“十二五”期间累计分红 126.2 亿元；按每股净资产计，国有资产的权益价值已由 2011 年初的 299.12 亿元增至 2016 年第一季度末的 693.7 亿元，增幅达 231.91%。

谈及近年来统一监管为企业发展带来的变化，上海浦东发展银行党委副书记、行长刘信义表示：“一个是业务层面，浦发银行在国资体系中，产融结合会更加紧密。产融结合不仅是资本层面的业务层面有利于更加了解实体产业需要，很重要的一点是相互间的沟通交流；另一个是资本，浦发银行是一个国有控股的上市银行，直接管理后对浦发银行的资本管理运作方面更加便利。”

集聚企业家精神

曾几何时，一种“国有企业并不存在企业家”的论调甚嚣尘上。事实上，外界对国企当中不存在企业家的误解，更多地源自传统体制机制对企业管理者创造精神的压抑和束缚。

上海国资国企改革成效究竟如何？韩正给出答案：“一个重要方面就是要看上海能不能有适宜企业家成长的土壤，能不能吸引和集聚一大批企业家。”

美国经济学家熊彼特提出企业家的职能就是创新，创新就是企业家建立的一种新的生产函数。成功性、首创性、冒险以及强烈的事业心被视为企业家精神的实质。

“国有企业同样有企业家，同样需要企业家精神。怎么让企业家更好地发挥作用，这是我们改革的着重点。”上海市政府副秘书长，上海国资委党委书记、主任金兴明谈到。新一轮国企改革中，力求从监管层面最大限度简政放权，提振企业家精神已经成为题中要义。

激励

改革、发展、创新，无不需要建立一整套激发企业内在动力活力的考核、激励和评价机制。上海国资国企改革，恰恰开始围绕以上方面做起了文章。

在考核评价体系制定中，一是上海通过制发《市管国有企业法定代表人创新转型专项评价实施方案》，在全面推行企业领导人员任期制契约化管理的基础上，加大科技创新指标权重。其中，竞争类企业创新转型考核的权重占30%～35%，转制科研院所创新转型考核的权重占50%。

二是深化“三个视同于和一个单列”政策。对研发投入、创新转型、跨国经营等费用视同于考核利润，对尚未实现回报的境外投资在考核中予以单列。近年来30家市管企业近360亿元创新研发等费用视同于考核利润。

之所以坚持采取这一举措，金兴明表示：“因为创新投入产生的效益至少要等3～5年周期，这个周期内可能这一届都要做完了，人家可能就不大愿意投。因此，采取投入视同利润的办法，对他们是一种很好的激励。”

除从考核评价角度加以激励，薪酬体系的改革显得极为关键。为此，上海国企探索建立起以长效为核心的激励约束机制。

上海国际港务（集团）股份有限公司（下称“上港集团”）于2015年以非公开发行方式实施了员工持股计划，参与员工超过1.6万人，参与度达到72%，合计认购数量超过4.1亿股，占集团总股份的1.8%，认购总金额17.1亿元，并通过持有人会议，选举产生由一线员工、职工代表和管理人员各占1/3的职工持股管理委员会，监督员工持股计划的日常管理和股东权利行使，负责与资产管理机构的对接等。

上港集团总裁严俊介绍，员工持股计划实施以后，员工变得更加关注集团经营绩效，更加关注集团市值波动，更加关注集团的转型发展，更加关注集团的运营管理。因为企业效益与企业在股票市场的表现相关，普通员工以前对集团的整体运营管理事项并不太关心，现在对基础管理、专项管理和经营管理的关注都通过各种形式表现出来。

不难看出，企业的生命在于活力，增进活力最关键在于调动人的因素。在分类激励改革中，上海按照“基本年薪 + 绩效年薪 + 任期激励收入”的薪酬结构，对不同类型企业确定不同的基薪调节倍数、绩效年薪调节系数。其中：整体上市公司，探索员工或核心骨干持股；国有控股上市公司，实施股权激励或激励基金计划；国有及国有控股的转制科研院所、高新技术企业，鼓励探索“张江办法”，实施股权和分红激励；承担战略性新兴产业项目的投资公司，探索市场化项目收益提成奖励；国有创投企业，鼓励采用项目团队参股股权投资管理公司的方式建立跟投机制等。目前，在上海实行的“激励基金 + 个人购股”计划中，企业用于激励股权总额可达实收资本的10%。上港集团、上汽集团、上海建工等先后实施各类股权激励43例。

[**链接**]

“张江办法”

“张江办法”即《张江国家自主创新示范区企业股权和分红激励办法》（以下简称《激励办法》），于2016年8月1日正式施行。

2013年，上海市政府发布《张江国家自主创新示范区企业股权和分红激励试行办法》（以下简称《试行办法》），该文件已于2015年底到期。新的《激励办法》对《试行办法》中操作性不强的一些条款进行了修改，并完善相关表述。

此次出台的《激励办法》，在第一章中就对制定政策的依据、适用范围、激励方式、激励对象、实施条件等作出了原则性规定。明确：包括主持企业全面生产经营工作的高级管理人员，负责企业主要产品（服务）生产经营，合计占主营业务收入（或者主营业务利润）50%以上（含50%）的中、高级经营管理人员，都在激励范围之内。

对于股权奖励个人所得税问题，办法明确规定：高等院校和科研院所转化职务科技成果，以股份或出资比例等股权形式给予个人奖励，不列入该单位当年度人员经费预算额度与绩效工资总额。获奖人在取得股份、出资比例时，暂不缴纳个人所得税；实施股权奖励递延纳税试点政策，对高新技术企业和科技型中小企业转化科技成果给予个人的股权奖励，递延至取得股权分红或转让股权时缴纳。

容错

改革创新必然伴随着风险，建立起宽容失败的“容错机制”成为“上海国资国企改革20条”的一大亮点，而此举在国内也鲜有尝试。

韩正强调容错机制在上海尤为重要，改革创新是有风险的，难免有失误，市场更是变幻莫测，主管部门和领导要对企业家多些理解和包容，不能只以报表的数字来评判企业和企业家。“有些急功近利的决策当年的报表可以看出来，立足长远的决策当年报表并不好看，有的还为了长远要牺牲眼前利益，这就要有考核机制在里面。”

为此，上海市国资委、企业集团两个层面细化上海市人大《关于促进改革创新的决定》、“上海国资国企改革20条”有关鼓励创新、宽容失败的“容错机制”，明确改革创新项目因客观因素未实现预期目标，在考核评价和经济责任审计时不作负面评价。

上海汽车集团股份有限公司（下称“上汽集团”）身处科技创新竞争激烈的汽车制造领域，敢为人先、勇于颠覆的首创精神，日益成为衡量企业竞争力的核心指标。为此，上汽集团董事长陈虹将容错机制视作鼓励企业创新的重要抓手。

上海汽车技术中心荣威生产检测线

顺应汽车行业互联网+、国家化发展大潮，上汽对前瞻技术、业务模式、海外经营等方面一些创新项目，只要尽心尽力履职，即使项目未能达标甚至失败，在审计、考核等方面亦不作负面评价。目前，容错机制已经纳入公司章程，这在国内上市企业中尚属首次。

近年来，借鉴大型跨国企业的内部创新激励机制，上汽集团成立“种子基金”，作为支撑企业创新的平台和载体，允许员工利用非脱产时间和公司设施进行创新研究。通过这个平台，员工，尤其是研发人员可以利用企业设施，妥善利用非脱产时间，进行创新研究，对经过验证的、有价值的项目可转入产品开发，甚至提供创业支持。

事实上，并非所有的“种子”都能成熟、所有的创意创想都能转化为实际的生产效益。作为上汽集团容错机制的组成部分，“种子”项目验证无效不予追究，在创新模式中引入容错机制，在很大程度上解决了创新团队成员的后顾之忧。

与上汽集团董事长陈虹看法相近，带领上海仪电从市场中“摸爬滚打”走来的掌门人王强，有着对于容错机制独特的价值认同。

通过不断吸纳民营资本、完成一系列跨国并购壮大起来的上海仪电，深谙企业体制机制创新的必要性。对于市场竞争中时常遇到的“失误”，王强表示：“我们要防止一种倾向，不要一朝被蛇咬十年怕井绳。国企常常这样，十件事有一件没做好，把你九件事都否定了。‘上海国资国企改革20条’里有容错机制，我们就是要容错，只要程序合规合法，否则谁为你干。”

为此，上海仪电强调在改革创新中始终发挥党组织的政治核心作用。比如战略制订和修订，发展混合所有制、盘活资源，管理创新、机制创新，都要有担当，都有大量思想工作要做。在鼓励改革创新、宽容失败方面，引导干部一方面做改革创新的促进派，面对可能遇到的风险，克服畏难退缩情绪，敢于试错，善于在实践中总结完善。

目前，上汽集团、上海纺织等企业将容错机制写入了公司章程或制定个性化、流程式、可操作的创新容错细则，从企业层面落实营造支持改革、鼓励创新的氛围环境。

（撰稿：王倩倩）

[专家点评]

黄群慧
中国社会科学院工业经济研究所研究员、所长，中国企业管理研究会理事长

回顾30多年来的中国国有企业改革，先后经历了从改革开放之初到十四届三中全会的“放权让利”阶段，20世纪90年代初至本世纪初的“制度创新”阶段，以及十六大以后以2003年国资委成立为标志的“国资管理”发展阶段。十八届三中全会则开始了新时期全面深化国有企业改革的新阶段。如果说这个新时期改革阶段与前三个阶段有什么重大区别的话，那应该是新时期国有企业改革是以国企功能分类为前提的，可以认为国企进入“分类改革与监管”新时代。

一方面，在实践层面，由于国有企业功能定位不清，面临营利性和公益性的“使命冲突”，不仅企业无所适从、经营管理行为存在扭曲，而且无论国企是否盈利都会有来自社会的指责声音；另一方面，从理论层面，也需要明确具体国有企业在我国社会主义市场经济中的基本定位和作用。实际上，没有对国企进行功能分类，成为当前制约进一步深化国有企业改革的关键问题。只有对国有企业进行分类，才能实质推进十八届三中全会提出的各项改革任务，也就是说基于功能定位和使命要求对国有企业进行分类是其他国有企业改革任务的基本前提。

但是，分类改革与监管，真正实施并不易，需要积极探索和大胆尝试。在地方国资委中，上海市国资委率先推进了国企分类改革，在全面深化国企改革的新时期走到前面。上海市国资委改革按照国

有企业的市场属性，兼顾股权结构、产业特征和发展阶段，以及资产、营收、利润和人员占企业总值的比例等因素，将其分为竞争、功能和公共服务三类，并进行动态调整和分类治理，摸索出众多经验，是国有企业分类改革时代的很好的一个样本。

2. 江西省国资委

激活国企主体地位，放管结合出样本

江西经济总量并不算大，但近几年发展备受关注，尤其是在国资国企改革上：十八届三中全会以来，新一轮国企改革在江西拉开大幕，以提质增效为目标，抓住激发企业活力的“牛鼻子”，打造供给侧结构性改革国企样本，取得成效，获得国务院国有企业改革领导小组的肯定。

2016 年“期中考”，江西国有企业交了一份亮眼的成绩单。截至 6 月末，江西省国有企业资产总额达 18726.5 亿元，同比增长 17.9%。其中，省出资监管企业资产总额 9273.9 亿元，同比增长 21.4%；累计实现营业收入 1713.6 亿元，同比增长 8.8%；累计实现利润总额 43.1 亿元，同比增长 8.2%；分别排名全国第 17 位、15 位、15 位，主要经济指标保持增长，增速快于全国平均水平。

在国资国企改革中，江西坚持问题导向，一企一策，探索国企混合所有制改革、国资开放性市场化战略重组、搭建大屋顶集中统一监管体制，多措并举，试点先行。

江西盐业集团率先完成混合所有制改革，成为全国盐业国企混合所有制改革“第一单”；中国瑞林工程技术公司探索智力密集型企业混合所有制改革机制，核心骨干员工持股比例达 49%；搭建起“大屋顶”，“两步走”推进国有资产集中统一监管；在优化国资布局上，“加减乘除”有序进退，完成六大集团战略重组。

作为中部省份，江西在国资国企改革中因地制宜、因企制宜，探索出不少可复制推广的经验，也在努力摸索一条符合江西实际的国企改革模式和新路子。

激活企业主体，聚焦市场化经营

“激活”是江西抓国企改革的一条主要做法——突出问题导向，形成倒逼机制，激发企业改革内在驱动力。

2015 年 9 月《关于深化国有企业改革的指导意见》正式公布，全面拉开新一轮国企改革序幕。不少专家分析，新常态下，国企改革的关键在于激发企业活力——完善现代企业制度，需要打造充满内在机制活力的市场主体；分类改革，推动国有资本合理流动、优化配置，需要政资分开、清塞活源，促进市场化机制配置资源。

“江西国企有主体意识不强、资产流动不畅、布局结构不优等问题”，江西国资委党委书记、主任陈德勤认为，要解决这些问题，江西得抓住激发企业活力这个“牛鼻子”，突出重点、攻破难点，一企一策，扎实深化国企改革。

充分放权　鼓励探索

各个国企自身发展历史情况、难点重点不同，江西围绕国企五项改革试点，在坚持“放权、放开、放活”的原则下，推进“一企一策”。江西国资委的构想是，给优势国企赋予充分自主权，鼓励企业去探索改革路径、方法，再形成制度经验和操作指引。

在这一轮国企改革中，江西在省出资监管企业江西铜业集团公司（以下简称“江铜集团”）、新余钢铁集团有限公司（以下简称

“新钢集团”）、江西建材集团公司（以下简称“建材集团”）、江西江中制药（集团）有限责任公司（以下简称“江中集团”）、部分省属国企，分别开展了“自主拓展、自主决策、自主经营”改革试点、“综合改革”试点、深化“内部三项制度”试点、完善法人治理结构改革试点以及“市场化选聘职业经理人”试点。

新钢集团是一家老国企，建厂于1958年，20世纪90年代中后期曾因为巨额亏损被列入全国十大困难企业，目前的新钢集团在2009年12月30日挂牌成立。和大多数地方钢企一样，它的蜕变和发展并非一帆风顺。前期发展过程中，新钢集团积累了很多“疑难杂症”，冗员多、负担重、行业转型压力大等等，虽然努力探索集团层面的体制机制改革，都因为各种原因夭折。新钢集团要在危机中生存下去，必须从问题入手，眼睛向内，倒逼改革。

2014年，获得江西省委、省政府高位推动，江西国资委全力支持的综合改革方案在新钢集团推开。企业内部改革的第一项做法就是大力度减员增效，大力压减管理干部，清退外用工、自然减员、整体划出、劳务输出等同步进行；第二是差异化激励引导员工薪酬改革；第三是将社区移交地方管理，积极协调解决历史包袱；同时，对子企业给予自主权，让其结合自身情况弹性改革。

2015年，新钢集团在中国企业500强排名360位，中国制造业500强排名179位，数个钢品种获“中国名牌产品”称号，远销各地。

江中集团的前身是江西省中医药大学的一个濒临破产的小型校办企业，从20世纪90年代开始，在发展壮大过程中，以现任董事长钟虹光为首的管理层起到了巨大作用。但它同时也是江西国有控股的混合所有制企业，明晰董事会和经理层的权责边界对确保国有资产保值增值非常重要。

江中制药集团的全自动化高架仓库里，机器小车正在完成装运

因此，江中集团在江西国有企业内首创董事会选聘经理层，保障董事长依法选择管理者、经营管理者依法行使选人用人权。同时，江中集团创立双向进入、交叉任职的领导体制，从操作层面落实了党组织在公司法人治理结构工作中发挥政治核心作用的工作路径；在完善法人治理结构上，完成一系列制度设计和规则规范，被江西国资委认为，“妥善处理了法人治理各层面协调与制衡关系，探明进一步法人治理结构改革的路径”。

江西省国有独资的建材集团主营水泥，针对机构臃肿、冗员过多、管理队伍庞大等问题，对劳动、人事、分配“三项制度”改革持续“补课”。改革促成效，2015 年建材集团净资产收益率居国内同行业第二位，并形成一套可推广的改革经验。

在进行试点改革期间，江铜集团正面临有色行业全球性深度调整，以“三自”为契机，努力实现自身变革，机变应对市场，提质增效，资源优化配置效率显著提高，成功度过了继 2009 年经济危机之后的又一次行业性大面积亏损。江铜集团认为，前进的动力很大程度上得益于“三自”改革。

［链接］

江铜样本：由“婆婆罩着”到“自己做主”

“一企一策”首先是要放。“首先要改变国资监管的方式。”江西国资委党委书记、主任陈德勤认为，原来国资委管得过细、应当属于企业的一些管理事项，全部下放给企业，以赋予企业独立的市场地位。

试点“自主拓展、自主决策、自主经营”的江铜集团，在改革过程中，经历了由“婆婆罩着”到“自己做主”的转变。

2014 年 8 月，江西省国资委改进监管方式，在江铜集团实施“自主拓展、自主决策、自主经营”试点，授权企业“自家做主”。江西国资委下放了投资决策、改制重组、薪酬分配等 6 方面 26 项审核备案及相关事权，交由企业自主决策。比如，主业投资决策权全部下放后，不管金额多高，江铜都自主决策。一组量化数据的对比更加直观：国资委对江铜投资项目的备案、批复，2013 年为 14 项；2014 年仅 2 项，而且其中一项是试点前备案，另一项是应江铜需要出具的复函；2015 年为 0 项。

放权并不等于放任自流、一放了之。陈德勤介绍，国资委要“指导用权、制度管权”。企业自主决策，国资委要进行后评价考核和激励约束。在江铜集团，国资委指导其完成投资及后评价、财务和资产评估、风险防控等 13 个方面企业制度的修订，并加强有关业务培训，实现权力的有效承接，防止一放就乱。

改革带来了实效。在当前有色金属产品价格持续低迷的压力下，江铜集团通过实施“三自”试点，效益下滑得到了明显遏制，连续 4 年入选世界 500 强企业，且排名逐年提升，2016 年排在第 328 位，较首次入榜名次提升了 86 位。

“自己做主，给企业大大增加了压力，但也带来松绑后应对市场的‘腾挪空间’。”江铜集团董事、党委副书记汪波对改革变化的感受很深：审批减少，流程简化，企业应对市场变化能捕捉时机、快速决策；江铜集团的企业主体地位进一步落实；投资审批限额大幅度放宽，放大企业自主拓展空间，企业跨地区、跨国战略及时施行，产业布局进一步优化；能创新运用金融工具带来经营管理能力提升；承接“三自”改革，企业体制机制进一步完善。

国资委“放权、放开、放活”，同样的，对于试点企业，要能接住、接活。“三自”方案落实过程中，江铜重点抓好集团改制、营销体制、科研创新、人力资源管理等16项内容的改革，比如：改革后，投资的决策机制里，限内投资由“审批制”变成“备案制”，江铜在投资决策机制上，加入“书面票决制”等进行完善；把提质增效视为年度政治任务，改革压力疏导，从而在“存量调强、增量调优”上做好文章等，始终抓住了“三自”试点改革的最根本目的，就是要增强企业活力、控制力、影响力、创新力和抗风险能力。

目前，江西国资委已经在出资监管企业全面推开了“三自”改革试点经验。

因地制宜，试出混合所有制改革模式

近年来，在混合所有制改革方面，江西国资委坚持“宜混则混、宜控则控、宜参则参”的原则，先后完成了中国瑞林工程技术有限公司（简称“中国瑞林”）、江中集团、江西建工集团和江西省盐业集团公司（简称“江盐集团”）等企业混合所有制改革，初步探索出一套符合江西实际的混合所有制改革模式，形成了“五个一”操作指引，即有一个明确目标、一个科学混合所有制改革方案、一个有效持股计划、一套规范审核程序、一条透明操作路径。

为什么要推进混合所有制改革？有企业出现问题倒逼出来的突围选择，也缘于企业扩张壮大亟需机制创新。

江西建工集团是一家有近 60 年历史的省属大型建筑施工类国企，改革前，有着机制僵化、冗员多、包袱沉重等诸多问题，曾连续 13 年亏损，在 2007 年底，企业累计拖欠社保费用 5 亿元之多。当时，企业要存活下去，要么重组，要么改制，而这么重的历史包袱，根本没人愿意接手重组。

经过反复调研分析，江西建工确定了“分立式”改制思路和模式：将优秀资产剥离出来，推行混合所有制改革。2010 年，通过引入战略投资者投资入股，江西建工母公司层面混合所有制改革逐渐完成，改制后，江西国资委和台湾汉唐和员工持股平台公司的持股比例分别为 60.2%、19.8% 和 20%，构建起全新的法人治理结构。混合所有制改革以来，企业资产总额、营业收入、利税年均分别增长 40.5%、30.6% 和 54.1%，企业规模效益增长后迈入中国企业 500 强。

相比江西建工在混合所有制改革前的困境，中国瑞林的底子要好得多。中国瑞林的前身是隶属于原冶金工业部等部委的南昌有色冶金设计研究院（简称“南昌冶院”）。2007 年南昌冶院分立式改制为中国瑞林和南冶资产管理公司，其设计矿业、冶金、市政、建筑等八大领域的工程设计咨询及总承包资质，人才和业务、技术资源等，全部由中国瑞林承接。

南昌冶院较早实行了事业单位企业化经营，但作为智力密集型企业，仍无法解决管理机制和市场化经营的深层矛盾，优秀人才流失严重。改制后，中国瑞林结合企业特征，将股权比例设计为：中国有色金属建设股份有限公司占23%、江西国资委占18%（2014年划转给江西铜业持有）、中国中钢股份占10%，而公司管理技术骨干持股占到了罕见的49%的高比例，可以说将混合所有制改革发挥到极致。同时职工股采用“股随岗设、岗变股变、人离股转”的原则，确保股权正常流转。2014年，在原有员工持股的基础上，中国瑞林还实施了新晋骨干员工可持有虚拟股政策，通过虚拟股与实股的滚动，使新晋骨干员工也能及时分享公司发展成果。

“改制后公司核心骨干流失率基本为零，还出现回流现象。”中国瑞林总经理吴润华说，“员工骨干和公司形成了利益命运共同体，实现从‘要我发展’到‘我要发展’的转变。”改制后到2015年，中国瑞林资产总额年均增长率为35.91%，利润总额年均增长率达到41.28%，企业发展迸发内在活力。

2015年全面完成混合所有制改革的江盐集团，则是盐业行业里的全国首家混合所有制改革国企。通过增资扩股进行混合所有制改革，引进了近7亿元资金，企业净资产达到13.15亿元，而7亿资金除了作为混合所有制改革的人员安置费用之外，还将用于企业后续战略转型。“通过此次改革，盐业集团在全国盐业中率先完成市场化转型，未来将着力于成为全国一流的盐资源综合利用企业，多元开发渠道的优秀商贸物流企业。”江盐集团董事长胡世平表示。

长期以来，混合所有制改革一直是公众关注的焦点和热点，但也可以说是认识不一、争论不断。一方面，混合所有制改革完善企业法人治理结构，推动企业建立市场化经营机制和激励制度；另一方面，“国有资产流失”和“员工持股”仍然是两个敏感的关键词——国企改革方案中鼓励混合所有制改革，支持探索多种形式的员工持股，但必须坚持国有资产保值增值。

那么混合所有制改革的边界在哪里？江西的答案也许是：试出来。

江盐集团混合所有制改革项目是江西省出资监管企业新一轮集团层面混合所有制改革成功落地的“第一单”，实现了江西省内国企改革五个“第一次”。

为了公开透明和避免暗箱操作，第一次尝试在江西省产交所进行增资扩股项目的公开挂牌操作，按价高优先的总体原则，引入厦门国贸投资有限公司等4家战略投资者。

为了确保整体改制合法依规，第一次聘请独立的第三方机构对项目实施进行路径设计、推介与指导。据悉，江盐集团聘请了资深的企业改制咨询顾问和法律顾问，对集团财务、业务、法务、战略进行了全面梳理。

江盐集团2005年建成的30万吨盐硝联产装置，所用设备基本国产化

为了确保信息即时披露，第一次全角度、全过程公开披露项目信息和进展。

为了确保党在国有企业的领导及政治核心作用，第一次在新公司章程中增加了企业党委、纪委等机构设置及履行职权等内容，明确了企业党组织在公司法人治理结构中的法定地位。

为了确保国有资产保值，第一次配合混合所有制改革设计了全新的核心骨干员工持股方案。通过借助第三方专业咨询力量及开放视野，先行先试，骨干持股方案设计坚持了“同股同价”“岗变股变”“人走股退”等原则，并有效设计了股权流转等方案。

江盐集团总经理、方案设计参与人员张雅庭介绍：“同股同价指员工持股入股价格和外部投资者增资扩股对价一致，随着员工岗位职级变化确保股权正常流转和有序退让，组建持股平台公司，明确股权流转退出机制、定价机制和操作细则。”

这些第一次成为江西下一步全面推进深化国企改的借鉴经验。其中，核心骨干员工持股方案，已经形成规范科学、可复制推广的员工持股制度，将在江西全省铺开。目前，江铜集团、江西旅游集团和江西招标咨询集团等5家江西省属集团也在推开混合所有制改革。

六大集团战略重组 “加减乘除”优化国资布局

陈德勤介绍，江西着眼产业发展和国资布局结构变化，着力盘活存量、引进增量，坚持有进有退、加减乘除并举，推进省属国资开放性市场化战略重组，完成了六大集团的战略重组。

一是做好“加法”引进增量：整体重组凤凰光学集团，引进中国电子科技集团全资子公司中电海康集团，近期投入5亿元，中长期投入20亿元。重组当年，企业结束连续多年亏损，扭亏增盈，截至目前已经停牌筹划进一步的优化重组事项。

靠大联强，引进北汽集团战略重组昌河汽车（北汽集团占股70%、江西省属国控公司占股30%），推进产业升级。重组后的昌河汽车将打造为北汽集团南方基地，5 年投入 270 亿元，实现年产汽车百万辆、销售收入超千亿的目标。一期已增资 20 亿元，投入景德镇、九江新基地建设。

增资扩股，引进北汽通航公司重组江西直升机投资公司顺利完成。目前，江西直升机通航产业新基地项目第一期工程已竣工投产，全面建成后将达到年产 300 架轻型直升机的生产规模。

整合并购，组建省军工控股集团，并购省内军工业务及物资，打造有竞争力的地方军工集团。

二是推进“减法”主动减量：通过公开挂牌，以 41.4 亿元成功出让中江地产股权，高出评估价值 23.1 亿元，实现溢价 127%。通过重组，国有股权益净利润增加 13.6 亿元，江中集团不仅获得重组收益，更进一步聚焦制药主业。

三是抓好“乘法”突出“双创”：一方面，按照打造形成中国第一、世界有重要影响力的钨及稀有金属产业平台目标，江钨集团公司积极推进全省钨及稀有金属产业重组；另一方面，鼓励全员创新、创业，鼓励个人技术入股在建的科技创新平台。2015 年，企业新获授权专利 57 件，同比减亏增利 3.4 亿元。

四是实施“除法”抓好整合：江西大成国资公司通过清理整合划入企业，压缩管理层级，把装入“小舢板”的企业做大做强，开出“大轮船”。

目前，江西报业传媒集团、省广电传媒集团、省绿色产业集团等企业重组改制正在加快推进，进一步推动国有资本向优势产业和龙头企业集中。

多措并举，提质增效

相比沿海发达城市，江西省国企大多处在传统行业，存在竞争力不足、内部管理机制相对落后等问题。因此，陈德勤认为，当前江西省国资系统的重点任务有两个，一是打造国企改革“江西样板”，一是打好国企提质增效攻坚战。

2016年6月，江西省国资委下发了《江西省国有企业提质增效工作方案》，提出在企业全面实行目标考核和行业对标考核，以深化改革创新为切入点，以转换发展动能为关键，以增加优质供给为抓手。可以说，为了打好提质增效攻坚战，江西国有企业一方面坚持“成本管控、效益否决”，大力推进企业降本节支、挖潜增效，一方面实施创新驱动发展战略，激发国有企业创新创造活力。

精细管理 降本增效

提质增效是系统工程。江西首先下大力气分离企业办社会职能，促进国企“轻装上阵”，通过国有资本收益、出让国有资产股权、协调财政资金等多种渠道，筹集支持资金，然后推动企业与属地政府签订目标责任书，加快企业社区移交；对于一些大型企业社区，比如新钢集团管理社区居住人口超过8.8万，占所在地新余市人口的17.4%，则由新余市批复成立新钢街道办事处，灵活手法，搭建新型移交平台。

同时，江西从企业日常生产经营入手，在考核上坚持“成本管控、效益否决”，促使企业加强内部管理，大力推进降本节支、挖潜增效。

在具体做法上，一方面，强化全员、全要素、全过程成本管控，建立目标明确、责任清晰、考核严格、奖惩落实的成本管理责任制。全方位开展行业对标，明确成本压控重点和经济技术指标改进目标。推进目标成本管理，合理降低产品生命周期成本。严格落实依法招标，规范采购管理，建立物资、工程和服务等的集中采购机制，有效降低采购成本。优化生产工序和作业流程，采用新工艺、新材料、新技术提高国产化、智能化装备水平，提高生产效率、降低生产成本。

另一方面，推进资金精益化管理，合理控制债务规模，加快资金内部融通，努力降低资金成本。强化现金流管理，确保资金及时足额到账，实现收入、效益和净现金流量的同步增长。

江铜集团推进全生命周期管理，实现了节能、减排、增效的三赢；江西建材集团强化对标管理，2015 年净资产收益率全行业第二位；江西建工集团瞄准上市要求，开展集团管理制度重建和流程再造工作；新钢集团通过优化生产组织、开展行业对标挖潜、加大技术攻关力度等措施，2015 年降本增效 12.74 亿元。

创新驱动 转化企业发展动能

江西国资委站在监管引导层面，着力实施创新驱动发展战略，加快转换企业发展动能。首先从加大考评激励、人才引进等支持力度入手，推动企业围绕产业发展的重点领域、重点环节开展技术攻关，激发国有企业创新创造活力。

当前，江西国有企业累计获得软件著作权 64 件，累计拥有商标数 130 个，获得授权专利总量达到 2002 件，其中发明专利 296 件；江铜集团、新钢集团科研项目获国家科技进步二等奖；江钨控股等企业科技活动经费占主营业务收入比重达到5%以上，高新技术产品工业产值占全部产品产值比重达75.6%。积极推动企业构建产学研用合作体系，江中集团和江西中医药大学组建了“中药固体制剂制造技术国家工程中心”，与军科院等组建了“蛋白质药物国家工程研究中心”。

二是加快推进产品创新，密切跟踪市场需求变化和行业发展趋势，加大产品升级换代力度。江铜集团的阴极铜、铜线、工业硫酸，新钢的船舶及海洋工程用结构钢板和热轧钢筋、江钨集团的“虔锋”牌钨铁合金等入选国家名牌产品。

三是大力实施“互联网+”行动计划，加快多元业态融合发展步伐，逐步推动形成更多新业态、新模式。江西能源集团合作运营的江西省煤炭交易中心，率先在煤炭消费地实现“煤企+电商+互联网金融”一体化服务。

参与“一带一路” 走出去拓增量

江西国资委研究制定省属企业参与“一带一路”建设、推进国际化经营战略措施，先后与中国进出口银行、国家开发银行、中国银行江西省分行分别签署合作协议，共推企业国际化经营。

值得一提的是，江西成立全省海外能源资源开发联盟，推动江西资源能源企业合作开发境外矿产资源。

通过积极开拓海外市场，加大产品外销力度，提升境外项目份额，截至6月末，江西出资监管企业累计实现出口产品销售收入83.2亿元，同比增长20.9%。海外项目建设也取得不俗成绩：作为全球250家最大国际承包商单位，国经公司和中鼎国际排名逐年前移，前者承建的赤道几内亚驻埃塞俄比亚大使馆新馆正式启用，赞比亚肯尼思·卡翁达国际机场升级扩建项目进展顺利；中鼎国际阿尔及利亚奥兰省2000套公共租赁房项目全部移交入住，2016年新中标达勒夫省1500套公共租赁房项目，正按计划进场开展工作。

提质增效攻坚战取得战果。在经济下行压力加大的大环境下，江西省出资监管企业主要经济指标普遍实现增长。国务院国资委公布的6月地方财务动态显示，江西国有企业资产总额、净资产、营业收入、利润总额的增速分别比全国平均值高11.2个、1.1个、6.8个、14.7个点；净资产收益率、营业收入增速、利润总额增速等在中部省份排名第二。

搭起“大屋顶”，国资集中统一监管

针对政企不分、政资不分，国资多头管理、配置效率较低等问题，国务院国资委多次呼吁，探索实现一般经营性国有企业、金融国企和文化国企等的统一集中监管。但是近几年以来，它在中央层面一直艰难推进，反倒是部分地方国资委，比如深圳、上海、重庆、吉林等先试先行，积极布局“大国资”战略，亮点颇多。

从率先完成经营性国有资产集中统一监管的深圳、上海等地经验来看，实现国有资产集中统一监管是一个系统工程，牵涉到方方面面，将触碰多部门利益格局，因此既考验制度设计的智慧，也离不开当地主政者凝心聚力、合力推进。虽然困难不少，但作为中部省份的江西迈出了坚实一步。

范围扩容：“大屋顶”集中统一监管经营性国有资产

2013年初，江西省国资委监管的资产总额2378.32亿元，仅占省属国企业资产总量的49.2%。大量的省属经营性国有资产分散在不同的管理部门，存在国资多头管理、配置效率较低，监管越位、缺位、错位等问题，这样一来，企业因为没有梳理科学的出资人监管机制，影响经营效率；而省级国资委要想对相关资产进行统一调度和安排，存在一定的困难。

在这种情况下，江西决定摸清家底，统筹国资运营，大力推进经营性国有资产集中统一监管，下决心搭建集中统一、监管规范的国资监管“大屋顶”。陈德勤介绍，为此，积极实施了“两步走”的战略：

第一步，搭建“大屋顶”。江西将一般经营性国有企业、地方金融国有企业和文化类经营资产统一纳入国资委监管范围，尽管三类资产分别由省国资委、财政厅、文化资产管理机构履行出资人职责，但由省国资委统一履行统计评价、清产核资等基础管理并汇总并表。省属企业国有资产实现了统一监管制度、统一统计评价、统一领导人员管理“三统一”。

第二步，做实“小屋顶”。在“大屋顶”下再搭建“小屋顶”，由江西省国资委对一般经营性国有资产统一履行出资人职责，21家省直单位所属102家企业完成脱钩移交。

方式变革：“三管三转”实施清单管理

推动国有资产统一集中监管，一个重要目标是所有权和经营权相分离，并放活经营权。除了搭建“大屋顶”、做实“小屋顶”外，江西国资委还在转变监管方式，着力在转变中提高监管职能。

目前，江西国资委已取消下放38项审批、核准、备案事项，比例高达61.3%。同时，制定公布省国资委权力清单、责任清单和履职事项清单。

江铜集团生产车间的阳极铜浇铸环节

以江铜集团为例，2014年，江西国资委在该省唯一的一家世界500强企业江铜集团开展“三自”试点，并制订出详细的试点方案，内含多项细则，其中规定，下放投资决策、改制重组、薪酬分配等6方面26项审核备案及相关事权。2015年，江铜集团投资180亿元实施了34个重大投资项目，不再报江西国资委批准或备案。

“清单内的事项管好管住管精，清单外的事项一律由企业自主决策。”陈德勤介绍说，努力以管企业为主向管资本为主转变，以事前管理为主向事中及事后监管为主转变，以直接管理为主向间接授权管理为主转变，初步实现了监管体制定型、监管方式转型、监管水平提升、企业活力增强的目标。

主线转变：管资本为主，国有资本授权运营

江西探索国有资本授权经营体制，发挥国有资本投资运营平台功能。“一企一策”明确了3户省属国有资本投资运营公司的功能定位、监管方式和考核办法，初步发挥了资源整合“造船厂”、清理退出“分流器”、改革发展“助推器”、国有资本“调节池”等功能作用。

深圳、重庆等地的实践经验证明，让交接单位迅速融入和适应

当前的国资监管体系，是实现“大国资”战略布局的重要保障。江西又将怎么做?

江西大成国资公司自2014年7月起，改组为国有资产投资运营公司，搭建经营性国有资产的“大屋顶”。作为脱钩移交资产的整合运营平台，它代表江西国资委，承接了江西省国防工办、省机械行办、省轻工行办、省民政厅、省人社厅、省粮食局等23家省直属单位所属经营性国有资产的接收，其中移交的企业289户，移交企业资产总额82亿元，净资产21亿元。两年时间，大成国资公司已初步形成3个产业集团、培育3~5家上市公司的格局。

其间，大成国资公司对相同或相近的资产合并同类项，发挥“造船厂”功能。2015年以来，大成国资重点抓好江西省军工控股集团、绿色产业集团、地产开发集团的组建。江西省绿色产业集团的组建围绕粮油、水产、脐橙、油茶等产业板块，整合江西省内相关绿色产业资源；江西地产开发集团则围绕江西国土厅和测绘局移交的企业，整合土地整理、复垦及养老地产有关的企业资源。这些举措，使得江西已接收国有资产集中度快速提升到80%以上，化零为整、以小搏大、做大做强。

大成国资公司接收的289户企业中，其中“僵尸”企业141户。它首先对这类企业进行分类，对扭亏无望的企业、休眠企业或空壳公司、改制或破产企业，发挥“分流器”功能，使其出清。

同时，大成国资公司发挥其平台放大作用，利用提升的企业银行信用等级和授信规模，发挥“助推器”功能，为企业提供周转资金3个多亿，提供贷款担保7个多亿。

国有资本投资运营公司承接的移交企业资产规模小、数量多、分布广、人员杂，必然要求平台公司在管理重心和职能配置上，向管资本转变。

为了管好这批企业和资产，大成国资确定了“三管三不管”手法，即管企业战略不管日常生产经营，管政策把控和规范流程不管具体运作，管总体考核和班子配备不管日常运行，更突出投资运营和财务监督、风险管控，从而实现了从管资产向管资本的成功过渡。

（撰稿：段久惠）

[专家点评]

刘 伟

经济学博士，教授，博士生导师，现任中国人民大学校长，兼任国务院学位委员会委员、学科评议组理论经济学委员，教育部学科发展与专业设置专家委员会副主任

供给侧结构性改革的微观基础在于企业改革，特别是国有企业的改革成为关键，同时也是难点所在。江西省国有企业的改革做出了有益的探索。从江西国有企业改革样本的经验看，以下几方面的特点是我们推进供给侧结构性改革中的国有企业改革时，需要予以关注的：

一是供给侧结构性改革强调的是对生产者和劳动者产生影响，以提升生产者（企业）的竞争力和效率，提高劳动者的积极性和劳动生产率，从根本上提高国民经济的供给水平、质量、效率，从供给侧推动供求均衡，而不是强调从需求侧入手影响市场上的购买者和消费者。因此，供给侧结构性改革进程中的国有企业改革必须特别强调以市场竞争效率提升为主要导向，以市场机制准则为基本要

求，以激发企业市场活力为根本目的。除对国有企业分类中体现非市场赢利要求，或者说市场失灵必须由国家以国有企业方式进入的领域外，国企改革的导向、目标、准则原则上均应以适应社会主义市场经济要求为原则，否则便会脱离社会主义市场经济的改革发展方向。江西以国有企业提质增效为目标，着力发展混合所有制经济，构建市场化经营机制，推进市场化战略重组，取得了显著效果，根本便在于始终清楚地遵循社会主义市场经济方向。一旦脱离这一根本方向，国企改革便有可能使企业被纳入行政计划体系，不仅是改革的倒退，更是对企业发展的破坏。供给侧结构性改革的特点在于强调对企业的影响，如果脱离市场竞争目标和准则，则更可能产生企业从市场竞争主体向行政约束主体的倒退。

二是供给侧结构性改革是政府顶层设计并推动的政策和改革行为，目标又是以适应市场经济竞争为导向，因此这一过程中的国有企业改革进程本身，就特别需要协调好政府作用与市场力量的相互关系。改革的目标是在体制机制上提高企业作为市场主体的竞争能力和独立地位，因而改革的过程也需要尊重企业自主权、从企业实际出发，一方面政府特别是国资委作为国有企业资产的出资人代表，行使出资人的权利并承担相应的责任，对国企改革和国企发展自然需要从出资人的利益出发提出要求，但究竟哪些是，并且应怎样更充分地实现出资人（所有者）的利益，需要在实践中探索；另一方面，企业自身在改革过程中，具有哪些并且应当如何保障自主选择、自主拓展、自主决策的权利同样需要深入研究。总之，不能以简单划一的行政方式和力量推动国企改革，否则既脱离企业实际，不是解放企业生产力，而是相反——破坏企业生产力，又偏离社会主义市场经济改革的方向；不是真正推动供给侧结构性改革，而是阻碍改革，甚至是倒退。江西省国有企业改革特别明确改革本身的决策、探索等权力的下放，以企业为“牛鼻子”，以打造企业独立市场地位为出发点，下放投资决策、改革重组、薪酬分配等方面的权力，在经营投资行为上、产权关系和所有制改革上、企业分配和激励制度创新上，大力推动权力从政府向企业的下放，提高了企业改革的活力，同时，国资委作为所有者出资人代表，集中强化评价考核及激励约束，以更充分地实现所有者权益，使国有企业改革过程本身的政府力量与市场力量相互协调，使市场化与法治化统一起来。

三是供给侧结构性改革中的国有企业改革，在体制机制上重要的在于形成有效的治理结构，从而使企业的权、责、利能够相互协调相互约束，使权力与责任、责任与利益、风险与激励等能够均衡，从而使得企业活而不乱，竞争充分而又有秩序，具有独立的市场地位而又有足够的自我约束能力，这就要求企业在产权制度改革上不断深化，为有效的公司治理结构奠定制度基础。供给侧结构性改革中的国有企业改革的真正困难和改革的根本在于产权制度创新，在于所有制改革基础上的企业治理结构的构建，否则，企业改革不过是行政隶属关系的重新调整，起不到推动企业适应市场竞争的作用。江西国有企业改革在企业混合所有制改革上、在企业的战略重组上展开了卓有成效的探索，特别是把国有企业的战略重组的企业发展命题，与企业所有制混合改革的企业产权制度改革命题统一起来，从企业发展需要出发推动改革，而不是盲目改革，以企业所有制和产权制度改革支持企业发展，而不是回避改革的实质矛盾，这种统一是十分重要的和必要的。

供给侧结构性改革以及新常态下的国有企业改革是极具实践性和创造性的历史性命题，需要深入而广泛的实践并在实践中不断总结。

3. 山东省国资委

聚焦市场化，发力供给侧

新一轮国企改革过程中，山东省国资委积极探索，在中央顶层设计方案的统一指导下，山东省委省政府主要领导通过积极部署和研究，较早地搭建了山东新一轮国企改革的制度框架，摸索出了适合本地特色的国企改革方案，并稳步进行落实，改革成效显著。

目前，山东省属国企改革70项任务中，除员工持股办法需等待中央明确相关政策外，其余69项已全部完成预定的目标任务，还形成了一批可复制可推广的改革经验。其中，推动去产能和解决僵尸企业，组建改建国有资本投资运营公司，推进高管人员契约化管理，经营性国有资产统一监管等改革举措走在了全国前列。

得益于改革的不断突破，山东省国资国企发展局面良好：2015年，全省地方国有企业资产总额43275亿元，比上年增长18%；利润总额538亿元，比上年增长0.8%。省管企业克服了煤炭、钢铁等产品价格大幅下滑的挑战，全年实现利润172亿元，与上年持平。

勇摘官帽，推广高管契约化管理

在中国探索社会主义市场经济的过程中，国有企业去行政化一直是一个长盛不衰的话题。甚至有观点认为，去行政化是国企改革的核心话题。

领先“半步”

在长期的实践中，深圳、广州等地已经基本取消了相关国企的行政级别。但由于种种原因，国企去行政化在实践中并未达到理想状态。一个明显的标志是，直到如今，绝大部分的国企经营管理者的任免仍然由各级组织部门、国资管理部门负责。不少专家认为，这成为国企进一步融入市场经济的一大障碍。

十八大以来，党中央国务院明确了在国有企业逐步建立职业经理人制度的要求。山东省大胆探索，在这方面有了明显突破。

山东省国资委党委副书记、纪委书记时民说，2015 年开始，山东先后在 23 户企业实行了高管人员契约化管理，占全部省管企业的 77%。

所谓契约化管理，是介于行政任命和纯职业经理人之间的一种状态。即相关企业的经营管理层原地起立，放弃行政级别，并与企业董事会签订聘用合同。

应该说，比起来职业经理人制度，这一改革只算是迈出了“半步”，但却是符合实际的“半步”。

在此之前，山东重工曾探索过纯市场职业经理人的招聘、使用，即从香港、美国等地招聘企业法务总监。但是，由于文化背景等原因，所招聘的三任职业经理人都没能在企业干太久。

“其他地方也进行过类似的探索，但总体看不算成功。”山东省国资委党委委员、企业领导人员管理处处长张志波说，建立职业经理人制度是个系统工程，需要相当的一段时间才能建立完善起来，契约化管理虽然只是其中一个环节，却是非常好的切入点和突破口。所以说，契约化高管这“半步”很有必要、意义重大。

上下一心

尽管改革的幅度看起来似乎不大，但迈出这“半步”实际并不容易。

山东此次改革涉及省委管理班子的11家国企，省国资委管理班子的12家企业。相关的高管过去多是正厅、副厅级，主管部门和相关人员如果没有达成一致意见，这一改革实际很难推进。全国范围内国企去行政化困难的主要原因也在于此。

“山东走得快，得益于山东省委省政府的认识高度一致，以及省委组织部、省国资委的积极推进，相关人员的密切配合。”张志波说。

这项改革之初，是由山东省委组织部牵头制定文件，明确将这些企业高级管理人员的选聘权、考核评价权和薪酬分配权交由相关企业董事会行使，不再作为上级党委管理的企业领导人员。其中，总经理人选由董事会提名委员会提名，副总经理等高级管理人员由总经理提名，企业党委（常委）会进行把关、审议、推荐。

涉及的63名高管中，有59名自愿放弃行政级别，“试点初期有几名高管考虑到年龄比较大没有参与，我们也为其安排了相应的岗位。”张志波介绍说。

彻底摘掉“官帽子”，对相关企业和人员产生了强烈的思想冲击。从已完成选聘、签订契约合同的企业情况看，经理层契约目标普遍高于省国资委对董事会的考核指标，高管人员普遍反映工作压力增大，“本领恐慌”意识增强。

以鲁信集团总经理相开进为例，他是山东最早选择契约化管理的国企高管之一，2015年9月与企业董事会正式签订了为期3年的聘用合同。同时签订合同的还有副总经理 3 名、首席财务官 1 名（副总经理兼任）。

相开进表示，国企管理者去掉行政职务，现在看是一件大事，但多年后看起来会相当平淡。“我在集团内部经常向大家灌输这种思想，希望大家能够更好地接受。”

对于契约化管理高管的薪酬标准，经历了一番讨论。有人认为，应该完全按照市场标准进行确定；包括相开进在内另一部分人认为，应该建立与选聘模式相吻合的薪酬发放原则，“要循序渐进地改革。”

目前，相开进的薪酬大约相当于公司董事长的两倍，同时依据经营目标完成情况，进行年度、任期绩效考核，严格按照绩效考核结果兑现薪酬激励。山东省国资委副书记、纪委书记时民说，公司保留追索扣回部分或全部已发放绩效年薪和任期激励收入的权利，真正做到薪酬收入能增能减。

相开进提出，希望员工持股方案明确后，能够给聘任高管预留一定的持股空间。“因为证券行业人力资源要素成本占比很重，这是吸引优秀人才的重要方式。”

目前，山东省明确新建和改建的 13 户国有资本投资运营公司全部实行高管人员契约化管理。未来，除部分承担公益性、重大基础建设任务和行政职能的企业外，省管企业将全部实现高级管理人员契约化管理，走在全国前列。

系统推进

高管人员的市场化、职业化离不开公司治理的现代化、规范化。为此，山东省国资委不断完善所属国企董事会、监事会、党委会运行机制。

过去的2015年，山东省属企业新增183名董事，省管企业董事会实现了非执行董事占多数的结构变化。同时，每户企业从外部监事人才库选聘1名专职监事，与省国资委派出的公务员身份监事和职工监事共同组成企业监事会。

同时，山东省国资委推动各所属企业修改公司章程，明确了公司党委在法人治理结构中的地位，确定了对关系企业改革发展重大事项由党委事先研究、董事会和经理办公会按法定程序决策的议事规则。

以鲁信集团为例，该公司董事会由7名董事组成（现已到位6名），其中，省国资委、省社保基金理事会作为股东向公司派出了3名在金融投资领域理论功底深厚、实践经验丰富的外部董事，公司内部通过职工代表大会选举了1名职工董事。按照规范法人治理结构的要求，鲁信集团修订了《章程》，制订了党委会、董事会、监事会、总经理办公会议事规则，明晰了股东会、党委会、董事会、监事会和经理层的权利职责边界。

同时，山东省国资委联合省委组织部，建立外部董事、监事和职业经理人人才库。制定了人才库管理办法，开发建设了人才库信息管理系统，目前三个人才库已初具规模。比如职业经理人储备人选已达1800多名。

组建投资运营公司，完善国有资本监管体系

十八届三中全会对新一轮国企改革提出了系列要求，其中，组建国有资本投资运营公司被视为这一轮国企改革的中心环节，也被视为完善国有资本管理体系中“管资产向管资本为主转变”的主要

措施。

在这方面，山东积极行动，先后研究出台了《关于建立国有资本投资运营公司的意见（试行）》《山东省省管国有资本投资运营公司领导人员管理暂行办法》等文件。山东省国资委分两批批复了鲁信集团等7户企业改建方案，加上新建的4户功能型国有资本投资运营公司，同时鲁商集团、山钢集团两家公司的改建工作正在推进，总量居全国各省之首。

公司大变身

山东省国资委党委副书记、纪委书记时民表示，组建、改建投资运营公司，“绝不是简单的换个牌子，而是要在多方面发生实质性变化”。

山东高速投资、建设、经营、管理的世界最长跨海大桥——胶州湾大桥

山东的投资运营公司定位为国资运营平台、产业投资平台、投融资平台和创新产业孵化平台，其中，投资公司注重产业资本投资，运营公司侧重资本运营效率和回报。

兖矿集团是山东省首批实体企业改建国有资本投资公司单位之

一。兖矿集团党委常委、董事张胜东介绍说，兖矿集团试点之初，就确立了“建设治理规范高效、产业布局合理、投资运营能力突出的新型综合能源集团和产融财团”的改革目标。

改革中，兖矿集团一方面健全法人治理结构，理顺董事会、党委会、经理层关系；一方面搭建九大资源平台，构建三级集团管控体系，其中集团总部定位为战略决策中心、资本运营中心、人力资源中心；专业（能化）公司定位为业务决策中心、经营管理中心和利润创造中心；矿处单位根据业务性质定位为成本中心或利润中心。

改建投资公司过程中，兖矿集团发生的变化是全面的，比如：兖矿总经理以下管理人员全部取消行政级别，实行全员竞聘、岗位管理、易岗易薪。同时，兖矿集团进行两轮瘦身，总部机关机构由48个减少至10个，管理人员由867人减少至100人，集团整体机构数量减少50%……

鲁信集团是山东省首批改建国有资本投资运营公司的两家试点单位之一，要求在2015年基本完成改建工作并逐步进入规范运行。

2015年5月，山东省国资委将鲁信集团30%的国有资本划转至省社保基金理事会，集团股东结构实现由单一向多元的转变。2015年6月，《鲁信集团改建为国有资本投资公司实施方案》获省国资委批复，鲁信集团改建工作正式启动实施。

2015年9月，鲁信集团顺利举行改建后的首次董事会会议，通过了多项基础性制度，聘任了改建后的经理层人员。这标志着鲁信集团改建工作基本完成。

国资委放权

为了适应投资运营公司组建后国有资本管理体系的变化，山东省国资委在简政放权方面屡有突破：比如向投资运营公司董事会下放了高管人员考核评价、薪酬分配、工资总额管理、投资决策等七个方面的职权。

据统计，2015 年，省管企业请示省国资委办理的事项同比减少了 40.7%，省国资委对企业的批复性文件同比减少了 50%，涉及企业事项的办理时限普遍缩短一半以上。

山东省国资委企业改革处处长介绍说，下放的职权，既包括董事会权利的回归，比如高管人员的考核评价；也包括部分股东权利的授权，比如年度计划；还包括审批权力的下放。

对于相关企业而言，简政放权大大增加了企业活力，提高了企业在市场中的反应速度，成效明显。

比如，山东黄金集团是山东第二批改建国有资本投资公司的省管企业之一。在改建过程中，山东黄金通过完善公司治理结构、明确发展战略、深化内部改革、加强市值管理等工作，促进了公司提质增效步伐。2016 年上半年，公司实现营业收入 356 亿元，增长 1.04%；实现利润总额 4.58 亿元，增长 780.77%。市值从年初的 306 亿元提升到 7 月初的 600 多亿元，跃居中金黄金、紫金矿业之前。

放管结合，避免国有资产流失

十八届三中全会提出，完善国有资本监管体系，必须坚持“有所为有所不为”的原则。按照这一要求，山东省国资委在简政放权的同时，坚持放管结合，加强事中事后监管和责任追究。为此，山东省国资委出台了《省管企业经营投资责任追究暂行办法》等一系列制度。通过加强企业财务监管和审计监督、推进企业重大信息公开、创新构建防止利益冲突机制、发挥企业党组织的政治核心作用等举措，确保国有资产在改革中保值增值。

与此同时，山东省国资委积极推进省属经营性国有资产统一监管工作。2015 年 7 月，山东省政府印发统一监管工作方案，明确统一监管的基本原则和实施范围，2016 年 8 月，印发统一监管实施计划。将省直部门管理的 616 户一级企业纳入统一监管范围，涉及资产总额 800 多亿元。其中，对资产规模较大、资产质量较好的 221 户企业，拟整合组建 6 户省管一级企业。

由此，山东国资监管体系的完善程度不断提高，在全国处于领先地位。

比如，为解决国企管理过程中多发的利益输送问题，山东创新实施了企业领导人员任职回避、公务回避和报告说明制度，企业领导人员在本企业内一律实行亲属回避，亲属从事生产经营活动不得与本企业发生经济关系，从制度上切断利益输送的通道。

兖矿集团则在实践中摸索了采购工作推行职工代表民主评价工作。据了解，之前兖矿的采购都是通过中间商来进行，最多的时候中间商有将近 7000 家，这些中间商不少都是矿上职工“七大姑八大姨”办的，堪称“国企吸血虫”。山东省国资委主任张新文在兖矿担任负责人期间，顶着巨大压力，清理中间供应商 6500 多家。目前，除砖瓦泥沙等物料外，兖矿的采购全部由供应商直供，成交价格低于市价。据统计，仅此一项，每年可为兖矿节约采购成本 15 亿元。

鉴于该项工作的出色效果，山东省国资委近期在兖矿召开了职工代表民主评价工作现场会，并下发通知，将在省管企业全面推行该办法。

消灭僵尸企业，助力国家产业转型进程

供给侧结构性改革，是目前国家经济转型的重要举措，党中央国务院对这项工作的重视程度一时无两。

一般认为，国有企业是供给侧改革的主力军，也是主战场，国家和社会寄予厚望。山东省属国企在化解过剩产能、解决僵尸企业、分流过剩职工方面起步早、见效快，同样走在了全国前列，得到了发改委、工信部等有关部门的积极肯定，山东能源在这方面的做法还被树立为典范。

早定标准早布局

在全国去产能、解决僵尸企业攻坚战打响之前，山东方面提前动手，较早地就僵尸企业的有关标准达成一致，确立了3年亏损、资不抵债、扭亏无力等标准，并划定了321家僵尸企业——时至今日，国家层面尚未就僵尸企业的标准达成一致意见。

标准的确定，使得山东的攻坚战目标明确，相关政策有的放矢。此外，山东省非常注重协调企业、银行、司法部门和政府部门之间的关系，效果显著。

山东能源集团现有“僵尸”企业高达146户，占山东全省的近一半，主要分布在煤炭开采等国家化解产能的主战场上。这些矿井不仅不产生效益，还吞噬了公司的不少利润。

对此，山东能源提出，不是企业化解落后产能，就是落后产能拖垮企业。“去产能不仅是治亏创效、提质增效的重中之重，也是集团供给侧改革的核心所在。”山东能源党委副书记王勇说。

兴隆庄煤矿工作面

山东能源在去产能中明确“三退两清”的工作思路，“三退”就是坚决淘汰退出没有政策空间、市场空间和利润空间的落后矿井，“两清”就是坚决清理低效无效矿井投资，停建缓建煤矿项目，提升投资效能；清理“去产能”矿井各类无效资源占用，减少资产占用损失。按这一要求，山东能源将退出煤矿 62 户，涉及产能 4232 万吨/年，涉及人员 80549 人，产量占到集团总产量的 1/3 左右。

按照“产煤不卖煤、有煤不靠煤”的思路，山东能源通过延伸产业链条，推动过剩产能就地转化和内部消化。规划了内蒙古上海庙、新疆伊犁、山东枣庄与菏泽“四大基地”，布局一大批煤化、煤电、煤气一体化项目。规划项目全部建成后，转化产能将突破 6200 万吨。

截至目前，山东能源已关停亏损企业 41 户，其中“僵尸”企业及去产能矿井 35 户，压减产能 803 万吨/年，煤炭减产 192 万吨。

兖矿集团连续打出清理整顿、改制重组、战略合作、关闭退出“组合拳”，19 家亏损企业同比减亏 9.06 亿元，4 家单位扭亏为盈，7 家单位大幅减亏。

人是降成本关键

富余职工分流安置是化解过剩产能和解决僵尸企业的敏感问题，也是核心环节。这项工作难度大，但是做好了之后对于企业降成本意义突出。以煤炭企业为例，人员成本占可控成本的比重超过60%。

对此，山东能源提出，要想抓住度危求进的主动权，必须千方百计减少低效无效用工和不规范用工，努力缩小“分母”提均量，激活要素精用工，并提出了2014—2016年三年企业瘦身行动计划，即从24万人降至20万人以下。

2015年末，山东能源集团用工总量较2012年末减少4.24万人，降幅17.5%，提前一年完成三年控员计划。在此基础上，山东能源进一步提出，2016年减员1.5万人，且上半年已减少10500人。

分流职工使得山东能源的总成本明显下降。王勇介绍说，在个人收入不降低的前提下，2015年集团人工成本185.8亿元，较2013年累计下降44.4亿，降幅达19.3%。2016年有望再下降20亿元。

在此过程中，职工的收入也有了明显的改善。王勇举例说，一些矿嫂在公司的组织下，去了北京等大城市做月嫂。“以前月薪不到两千还有可能拖延，现在收入达到了六七千元。可谓思路一转天地宽”。

同样的效果也出现在其他公司。

比如兖矿集团累计减少各类用工2.1万人，向资源开发基地转移人员7100人，年节约人工成本18亿元。2015年以来实现降本增效60亿元。

[**链接**]

山东能源集团“去产能”后职工分流安置情况

矿井关停的重点难点在于人员分流安置。按照计划，山东能源集团“十三五”期间拟退出矿井62对，压减产能4232万吨/年，涉及人员80549人。

除了这些单位外，山东能源也在其他部门积极推行瘦身运动，通过做小分母来提高企业运行效率，提升经济效益。具体举措包括逐级精简组织机构，全面实施流程再造，强力推进系统提升等。这三项举措，减少了机关冗员——比如新矿总部由41个处室调整优化为20个大部室、6大共享中心，精简分流307人；提高了工作效率，比如枣矿2015年通过升级改造辅助系统，压缩辅助人员500余人；淄矿巴彦高勒煤矿通过装备无人值守智能采煤工作面，打造了千人千万吨的轻型大矿典范。

为了妥善安置上述过程中产生的富余人员，山东能源探索了以下路径：一是外部开发，有序转移。截至目前，集团省外从业人员已超2.7万人，为关停矿井人员转移拓展了广阔空间。二是劳务输出，分流安置。打造了“没有资源的资源开发企业”模式，积极走出去托管矿井、承揽工程，最大限度地吸纳富余人员，走出了一条衰老矿井人员转移的新路子。截至目前，集团已托管矿井23对，分流人员6988人。三是依法依规，清理清退。通过依法依规清理外包队伍、临时用工、挂靠人员等非在册用工，清理“四长人员”等在册不在岗人员。2015年，山东能源集团清退非在册用工6197人。四是及时退养，自然减员。截至2015年底，全集团共有5555人内退，相当于培育了一个大型衰老矿井的人员分流空间。五是自谋生路，走向市场。主动聚焦“大众创业、万众创新”，鼓励困难企业的富余人员进行自主创业、自谋生路，企业对相关人员保留劳动关系。目前，新矿自主创业人员达到2822人，肥矿自主（退岗）创业人员达到1264人。

资源盘活

在化解人员的同时，山东能源通过对外租赁、合资合作、评估转让等方式，盘活僵尸企业的闲置厂房、土地、设备等资源，变“死资产”为“活资本”，最大限度地提高资产利用效率。

现在，山东能源在不断优化煤炭产销业务的同时，积极发力煤化工、电力、装备制造、现代服务、医疗健康等多元产业，“大能源、大金融、大服务”协同发展的格局初步形成。在商品煤同比减产的情况下，2016年1—6月份实现销售收入776.6亿元，同比增长10.73%，实现利润6.1亿元，同比逆势增盈5.9亿元，超额完成上半年“双过半”目标任务。

在化解过剩产能的同时，调整业务结构的例子还包括兖矿集团。

兖矿集团提出，要摒弃传统的高投入、高负债、低效益的发展方式，促进资金、人才等要素向重点区域、核心产业、优势企业聚集。通过转型，该公司金融资产规模达到200亿元，实现资本运营收益20多亿元。

为了推进供给侧结构性改革进程，山东省国资委建立了企业经营管理综合评价制度，组成专家组对企业经营管理等方面问题“问诊把脉”，推动企业提高管理水平。截至目前，已分3批对7户省管企业进行了综合评价，收到明显成效，计划利用3年时间对省管企业诊断评价一遍。

[链接]

兖矿集团通过改革促进企业转型发展

在改革中，兖矿集团意识到，必须摒弃传统的高投入、高负债、低效益的发展方式，做好“加减乘除”四则运算，推动产融一体、高效发展。

一是围绕增量调优，加快重点项目建设。坚持投速、投向、投量、投效相结合，促进资金、人才等要素向重点区域、核心产业、优势企业聚集。全国首套百万吨级煤液化示范项目一次投料试车成功，成为我国煤制油产业发展史上的重要里程碑。金鸡滩煤矿、荣信化工当年投产、当年达产，年盈利13亿元以上。陕蒙基地成为兖矿重要的经济增长极和产业、人员转移基地。

二是围绕财富倍增，发挥资本乘数效应。整合资本运营平台，成立金谷裕丰和端信投资公司，利用上海、深圳自贸区的优惠政策，推动金融投资产业高效发展。完成中期期货增资扩股，参股齐鲁银行和中泰证券，认购浙商银行首次发行股份4亿股。参与发起多支相互保险、合伙基金。增资上海融资租赁公司50亿元，开展设备售后回租业务。把握有利时机，收购久泰能源公司52%的股权，实现低成本快速扩张。新风光公司在新三板挂牌上市。4家单位股改上市加快推进。集团金融资产规模达到200亿元，实现资本运营收益20多亿元。

三是围绕减量减亏，强力整治亏损企业。认真落实国家和省委省政府过剩产能退出和“僵尸企业”治理的政策措施，打出清理整顿、改制重组、战略合作、关闭退出“组合拳”，19家亏损企业同比减亏9.06亿元，4家单位扭亏为盈，7家单位大幅减亏。实施澳洲公司“凤凰项目”，成功发行9.5亿美元债券，建成澳大利亚最大的露天煤矿——莫拉本二期项目，为优化资产负债结构、实现良性发展奠定了基础。关闭退出北宿煤矿获得国家奖补资金1.49亿元，吉新煤矿、电解铝厂等落后产能退出有序推进。

四是围绕集约高效，优化资源配置方式。完成机电装备、物流贸易、房地产等资源整合。组建工作面安撤、安保、后勤服务等6个专业化队伍，实行内外市场一体化服务，年增收创效5亿元。顶着巨大压力清理中间供应商6500多家，节约采购成本15亿元。实施矿区生活物资统一配送、公务出行委托管理和通勤车辆社会化运营，年节约费用1.4亿元。

埠村经验：去产能的三大秘诀

当前，钢铁、煤炭等行业去产能之势如火如荼。然而，去产能牵涉大量职工安置，涉及一批企业生死存亡，既要在3年内打好这一场歼灭战，又要避免“伤及无辜”，各地政府和有关企业如临深渊、如履薄冰，走得并不轻松。

当大部分企业还在苦苦探索的时候，一些先行者已经尝到了成功去产能后的甜头，比如山东能源淄矿集团新升实业。

新升实业前身是淄矿集团下属的埠村煤矿，有58年煤炭开采史，最高年产量达到186万吨。受资源枯竭和市场下行的双重影响，已连续几年亏损，年最高亏损额1.17亿元。

为扭转这一局面，2011年起，淄矿集团开始布局实施“突破埠村”战略，主要举措包括收缩煤炭、发展非煤产业、转移安置过剩职工等。2015年，埠村煤矿改建成立新升实业。2016年6月，埠村煤矿最后一个矿坑关闭，结束煤炭开采历史。

随着转型举措的落实，新升实业局面不断好转：2015 年实现利润 287 万元，甩掉 11 年亏损的“帽子”；2016 年上半年，完成收入 4.1 亿元，实现利润 2072 万元。

更名新升，重获新生。新升实业的成功固然有一些客观原因，比如这里位于济南、章丘市区之间，地理位置优越。但在主观方面，新升实业的成功，主要在于抓住了以下三大关键要素，而这些对于其他正处在去产能过程中的企业，不无借鉴意义。

关键一：转型先动人，动人先动心

对于绝大多数面临着去产能任务的企业而言，如何安置由此产生的过剩职工，是压力的主要来源。因为既不能把员工推向社会，旧有产能又已无法容纳。

埠村煤矿同样面临这样的挑战。“可以说，‘人到哪里去’是制约我们转型发展的第一难题。”山东能源党委副书记王勇表示。

作为一家历史悠久的老煤矿，埠村煤矿的在册员工最多时超过 6000 人，加上部分临时性用工，仅人员的工资已经给企业带来了不小的经济压力。

新升公司董事长李树新说，2009 年起，埠村煤矿已逐渐意识到人员过多给企业带来的压力，开始小规模地对年龄偏大职工实行内部退养政策。

“2013 年起，我们认识到，煤炭行业的困难局面不会很快结束。我们必须采取系统性应对措施。”山东能源淄矿集团总经理侯宇刚表示。

自此，埠村煤矿一方面收紧人员进口，实施缺员内部调剂制度；一方面实施“四个一批”政策，通过减员、输出、调剂、退养四种办法削减富余职工。

截至2016年上半年，埠村煤矿在册员工3198人，不足最高峰时的一半。

值得注意的是，埠村煤矿在有效减少员工总数的同时，实施了人力资源的重新配置。目前，仅有300人留守矿井本部，其余职工基本都踏上了新的工作岗位：其中有1400多人面向社会提供矿井生产、物业管理等服务，为埠村煤矿结束将近60年的煤炭开采业务创造了条件。

冷冰冰的数字背后，是一个个活生生的煤企工人。要让这些经历过企业、行业辉煌，为国家、社会做过贡献的产业工人跳出矿井并不容易。一时间众口纷纭，世像百态：

有的职工说，埠村矿遇到困难了，集团公司乃至政府就应该把埠村矿养起来。

有的职工畏难发愁，怨天尤人，处处讲条件、要政策。

有的干部说，宁愿在埠村当一个不赚钱的管理者，也不能出去"伺候人"……

这种局面在淄矿集团乃至山东能源并非个案。对此情景，山东能源、淄矿集团、埠村煤矿三级公司的态度坚定不移："观念不转，永远不行！"

王勇回忆说，20世纪末，淄矿集团就曾面临过行业不景气带来的巨大冲击，最终还是通过强有力的改革渡过了难关，现在也不例外。"绝不能走进资源挖净人员散、老本亏光摊子撤的死胡同。"

新升公司党委书记邹美元说，埠村煤矿花了很大的精力，狠抓思想观念转变："一不能躺在历史的'功劳簿'上等死，二不能在煤炭这棵树上吊死，三不能抱着国企的牌子饿死。"

态度坚定不等于手段粗暴。要想在职工的灵魂深处闹一场革命，绝不是一纸文件几句指示所能实现。

为了得到职工的理解和支持，埠村煤矿选择了多个抓手，其中最有用的当属全员长效沟通对话活动。这是一项开始于2007年的品牌活动，对企业发展起过很大作用。

2015年，埠村煤矿组织开展了主题为“当改革改到自己头上时”的沟通对话会，把各级干部在机构改革中的所作所为作为重点，形成了“领导干部要带头革自己命”的共识。随后，撤销了井级机关，将22个机关科室精简为12个，减少机关管理人员31人，有45名干部放弃干部身份到省外一线工作、到省外创业，消除了职工“改革只改职工、不改干部”的疑虑，让广大职工看到了各级干部带头支持改革、参与改革的信心和决心。

对话会还征集并采纳了一些帮助留守家庭解决生活难题的办法。埠村矿为此成立了“留守家庭互助小组”“留守爱心服务站”等帮扶组织，最大限度地打消职工的后顾之忧。

目前，埠村矿已有1400余人成了名副其实的“打工族”，揽工程、当保安、管后勤、当月嫂，“哪里赚钱就到哪里去”……

这场灵魂深处的革命成功了。

关键二：跳出要趁早，转型要彻底

经过50多年不断开采，埠村煤矿所在矿区的优质资源已消耗殆尽，所剩的煤层薄、条件差、成本高、产能低，已经无法支撑起埠村矿数千人养家糊口的需求，更不必说企业发展壮大。

“事实上，我们是采一天亏一天。”李树新说，埠村矿在沉重的现实中意识到，只有跳出矿井，才能看到活下去的希望。

于是，埠村矿组织了一批采煤能手，走进省内外10个单位，提供煤炭生产综合服务，打造无资源煤炭企业，实现了“卖产品向卖服务”的转变。2015 年，这项服务为埠村矿创利 1100 万元。

同时，埠村煤矿把更多的精力放在了非煤产业上。

“这是埠村矿转型的一大特点，也是成功的重要因素。”王勇说，如果转型还是围绕着煤炭行业，那么有可能仍然是死路一条。

埠村矿进军非煤产业由来已久，早在“九五”期间，就已开始谋划、布局。2012 年年底起，煤炭行业下行趋势开始显现，埠村矿随即加快了对非煤产业的布局。

2013 年，埠村矿收购了济南泰星精细化工有限公司，并投资建设了年产 10000 吨超细氢氧化铝和 1000 吨聚磷腈项目，实现了新材料产业板块的规模扩张。李树新介绍说，这是一家国内阻燃剂行业的领先企业，该收购对埠村矿的转型意义重大。

新升实业成立后，开始对蓝宝石等一系列项目进行研讨、工业试验。

当然，布局非煤产业并不意味着都要白手起家，现有业务的成功转化自然更加理想。

常年的煤炭开采过程中，埠村矿周边积累了大量矸石，并建起了矸石电厂，只不过长期只是为煤矿生产供电。矿井陆续关闭后，埠村矿积极与所在地政府进行沟通，涉足供暖供气产业。

目前，热电厂的供热面积已经达到 130 万平方米，两年内将达到 500 万平方米，2015 年实现盈利 4600 万元，成为埠村煤矿非煤产业中效益最好的单位。

埠村矿属医院一直是矿上的一个非营利部门，常年靠补贴运转。埠村矿转型过程中，该医院利用其在治疗静脉曲张等方面的优势，展开与各大医院的合作，并联合新华医疗等机构探索医疗健康养老产业，成效突出，2015 年实现利润将近 400 万元。

同时，埠村矿积极争取将矿井水作为章丘绣源河的补充水源，成功由向政府缴费转为获政府补贴，创造了矿井水外排盈利的地企“双赢”新模式，目前已获补贴 320 万元。

据统计，2015 年非煤产业已为新升实业上缴利润 6000 多万元。“今年这一数字将继续扩大。”李树新说。

新升实业未来将集中发展新材料和现代服务两大主业：利用埠村煤矿二号井、三号井现有的土地资源，建设集医疗健康养老产业园区和工业蓝宝石晶体光电子新材料产业园区，将现有的工程塑料、阻燃材料进一步做大规模。“到 2020 年使企业规模达到 50 亿元，基本实现企业转型。”李树新表示。

关键三：告别旧体制，释放新活力

新一轮国企改革包括两个层面内容，即体制机制变革和产业结构转型，二者相辅相成，互为依托。

对此，埠村矿乃至山东能源有着深刻的认识。“转型发展要靠新的体制机制作保证，决不把老国企的弊端移植到新企业中去。”王勇总结说，埠村矿转型顺畅的一个重要原因，就是发挥了混合所有制改革的作用。

以济南泰兴化工为例，这就是一家典型的混合所有制企业，新升实业持有其 51% 的股份。国、民携手的股权结构，充分发挥了双方的优势，使得该企业发展进入了全新时期。

当然，混合所有制绝不是一混就灵，而是有着自身的规律。

东辰工程塑料公司是埠村矿多年前进军非煤产业时投资建设的。为了加快企业发展，按照当时的政策，实施了全员持股。“让人没想到的是，2000 多名职工持股却导致了人人无责局面的出现。”李树新说，由于权责不明，管理层缺乏动力，企业发展长期徘徊不前。

这一轮国企改革中，山东省国资委提出，应该按照中央要求，对企业管理层和核心骨干实施股权激励，尽量避免全员持股的现象。

基于这一要求，2015 年 7 月，东辰公司 22 名经营管理层成员出资，对全矿职工持有的股权进行了置换。

李树新说，骨干职工持股，有效激发了他们“把企业当家来经营”的积极性。2015 年，完成销售收入 7206 万元，实现利润 292 万元，利润同比增幅 39%。

在对机制的作用有了更深刻的认识后，新升实业进行了更广范围的探索。

在新兴产业培育上，新升实业试行“业主跟投机制”，按照“谁调研、谁建设、谁经营、谁担责”的原则，规避项目风险，保证项目成功率。

比如，新升实业目前正在重点关注的蓝宝石晶体项目中，调研组自筹资金 200 万元进行产品验证。其中，项目牵头人个人出资 100 万元。

试验成功后，这些投资将转为股本，并逐步跟投至不低于注册资本的 10%。试验如不成功，风险由项目组成员自行承担。

项目牵头人说，这种模式下大家压力都很大，但同时也更用心。目前已经联合哈工大进行了验证，车间土建主体工程已经完工，专利技术和设备的调研采购工作已经全面展开。

除了这些举措，新升实业还广泛开展了“内部市场化”改革，一方面充分下放管理权限，一方面划小核算单位，制定了 53256 个内部交易价格，形成了“无处不市场、无事不交易”的格局。

淄矿集团总经理侯宇刚认为，新升实业之所以能够在较短时间内彻底告别采煤，告别亏损，市场机制作用的发挥功不可没。

（撰稿：刘青山）

[专家点评]

宁向东

清华大学经济管理学院创新创业与战略系教授、博士生导师，清华大学公司治理研究中心执行主任

供给侧改革，本质上是对生产要素的体制性障碍以及与之相关的错配进行调整。做好这项工作的关键角色是政府，尤其是各级地方政府。过去较长一段时间里，一些省市为了打造世界五百强而盲目推动国企的兼并重组，虽然扩张了规模，但降低了效率。这些问题在最近回调的市场形势下逐渐暴露出来，后果非常严重。龙煤巨亏、渤钢分家，无一不是惨痛教训。

山东省委、省政府较早地认识到供给侧改革的重要性和紧迫性。当全国还在争论“僵尸企业”定义的时候，山东已经明确了概念，并划出具体范围，予以强力推进：一方面鼓励企业就地转型，一方面进行政策、资金扶持。同时，加大国有企业改革力度，力争做到既不让一个员工在此过程中下岗，又不允许低效率局面继续持续。这一点，值得高度肯定。

国有资产管理体制和国有企业的改革，是供给侧结构调整的主要内容，也是最为艰难的方面。山东省国资委所谓的“领先半步”

的相关做法，说起来简单，实际上是不容易的。就我个人的看法，很多国企改革的问题虽然已经破题，但在理论和实践操作上都需要进一步的重大突破才有可能彻底解决。这些问题会伴随着改革操作逐渐显现出来，成为下一步工作的拦路虎，对此我们必须要有清醒的认识。从这个意义上说，“领先半步”既显示了直面问题的勇气，也折射出改革主导者的智慧。

从中国的改革历史上，有很多重要的工作都是起始于基层。顶层设计营造了改革的氛围，提供了改革的动力，但具体的实践往往起始于省市，成绩强化了改革主导者的决心，同时也为全国性改革起到了示范作用。我们不仅可以列举20世纪80年代农村改革的四川和安徽，也可以回溯到90年代企业改革的山东。正因为这一点，我们也许应该对包括山东在内的众多省市一级国有资产管理体制改革充满期待。

4. 广东省国资委

持续稳步推进，兼顾活力与控制力

改革开放以来，走在改革前列已经成为广东的标签，本轮国企改革也不例外。据了解，广东省委、省政府已经连续三年将国企改革列为重点改革任务之首，坚持改革和发展并举，一步一个脚印贯彻落实中央决策并取得积极成效。

如果用一句话来整体进行评价，那就是："做得早、效果好；持续发力，稳步推进；兼顾活力与控制力"。

做得早且效果好，呈现五大新气象

此前，针对广东省国有企业改革，广东省委、省政府提出要坚持优胜劣汰，着力优化国有资本布局结构；坚持市场导向，有效激发国企核心竞争力；坚持平等竞合，务实稳妥推进混合所有制改革。坚持创新发展，不断促进国有经济提质增效。

2014 年以来，广东省国资委大力探索改革发展新途径，率先在全国推出多项创新举措，有力地带动了广东全省国有企业的发展。数据显示，2015 年广东全省国资监管企业主要经济指标位居全国前列，资产总额、营业收入、利润总额分别排名全国第二、第三和第一。而与改革前相比，广东国资主要呈现出五大新气象。

新气象之一：国有经济结构布局进一步优化

广东国资通过加快调整重组，使得商贸、旅游两大板块重组效果初现，商贸控股集团以近 30 亿元价格向战略投资者出让其所属广弘公司 49% 的股权，化解了广弘公司的债务危机。

在发展新业态方面，广晟公司、粤海控股集团打造产融融合模式，粤电集团、水电集团发展新能源产业，广物控股集团、广新控股集团打造电子商务平台，均取得积极进展。

在强化资本运作方面，广东省属企业 2015 年直接融资超过 1000 亿元，取得了 3 家上市公司的控股权，2 家企业登陆新三板；成立各类基金近 10 只，募集各类资金达 700 亿元。

新气象之二：国企改革试点工作进一步深化

目前，广东省国资委主要承担的 7 项试点工作为：

（1）在广东省属企业开展两类公司试点，恒健控股公司和粤海控股集团分别改组为国有资本运营和国有资本投资公司；

（2）开展不同所有制企业间资本对接试点，开展了两次与民间资本对接，推出对接项目 200 多个，引入民间资本超过 800 亿元，搭建了国有企业与社会资本对接的平台；

（3）在广东省属二级及以下企业开展经营者和员工持股试点，在广晟公司所属金银珠宝检测中心、航运集团所属广东航丰物业管理公司、广新控股集团所属广新信息技术公司、物资集团所属广物供应链公司等 4 户企业开展了管理层和骨干员工持股；

（4）在广东省属二级及以下企业开展混合所有制改革试点，出台《关于省属企业规范发展混合所有制经济的实施意见》，规范混合所有制经济改革，2015 年省属企业混合所有制新增户数和注册资本金分别增加了 128 户和 115.65 亿元，增幅为 11.3% 和 5.9%；

（5）在广东省属企业开展财务预算等重大信息公开试点，出台《广东省省属企业全面预算管理工作指引》，选取铁投集团和联合服务公司 2 家省属企业作为财务预算信息内部公开试点单位；

（6）推进广东省属二级及以下企业体制机制创新试点，成立了国企改革重组发展基金助力 50 户省属二级及以下企业体制机制改革创新试点，基金入股 10 家，制定员工持股方案的有 14 家，新三板 2 家；

（7）在广东省属企业开展重大资产损失责任追究制度试点，制定了《广东省省属企业资产损失责任追究暂行办法》，广东省国资系统累计问责 55 人次，其中，广东省国资委通报了 4 宗国企领导人员被问责的情况。

新气象之三：国有资产监管进一步加强

广东国资委通过落实监管、报备、奖惩三类清单，积极探索以管资本为主加强国资监管的有效途径。目前，粤海控股集团、恒健控股公司分别改组为国有资本投资和运营公司。

广东国资委还通过全面推行国有产权首席代表报告制度，落实广东省属企业董事长产权代表责任；通过建设省属企业规范治理视频信息系统，实行有痕监管；广东 20 家省属企业率先在全国发布企业社会责任报告，实现了阳光监管。

与此同时，广东国资委按照鼓励转型、规范管理、限期清退和坚决禁止分类开展商贸业务清理，有效遏制了企业风险。

新气象之四：国有企业服务大局功能进一步增强

国有企业在落实广东省委省政府战略部署、惠民生保稳定中发挥了支撑保障作用。在“十二五”后三年中，广东省属企业承担重点项目投资约占广东全省总投资的28%，其中，投入粤东西北地区交通运输项目4560亿元，约占全省总投资的68%。2004—2015年，广东省交通集团、铁投集团、机场集团三家准公共性企业以财政投入的610亿元资本金，完成了5872亿元的省内基础设施项目投资。

新气象之五：国资系统党的建设进一步加强

广东国资委在全国国资系统率先出台强化“两个责任”的意见和建立巡查工作机制，认真落实党风廉政建设责任制，近两年省属企业没有发现新的违法违纪案件。同时，与广东省委组织部一道抓好中央44号文实施意见的制定，明确党组织在公司法人治理结构中的法定地位。组织广东省属企业党委（党组）书记开展抓基层党建工作述职评议考核，实施“书记项目”，建立了广东省国资系统“书记项目库”，不断强化基层党建工作。

对于广东国资国企所呈现出的新气象，国家督查组方面认为，这是由于广东省委省政府高度重视国企改革，使得许多创新性的做法走在全国前列。

广东省国资委主任李成认为，这与广东省国资系统近年来主动抓早抓紧抓实结构调整、布局优化、创新驱动和资本运营这几个重点，强化风险防控等密不可分，进一步释放了改革活力及改革红利。

改革稳步推进，重在持续发力

在全国国企改革方案出台前后，网络上充斥着一些负面声音，认为“国企改革进程缓慢”。从广东方面看来，“慢”是不符合客观实际的。同时，广东虽然走在了前面，但他们并没有片面追求速度，而是一步一个脚印稳步推进。

7 月 4 日，在全国国企改革座谈会上，广东省常务副省长徐少华就指出，近年来，广东主要是凭借“四个坚持”，在国有资产保值增值的同时，扎实推进国企改革。

第一个坚持：广东紧密结合供给侧结构性改革，按照优化存量、引导增量、主动减量的思路，坚持优胜劣汰，积极优化国有资本布局结构，增强国有经济整体功能和效率。

在优化国有资本投向方面，近年来，广东加快推动国有资本向基础性、公共性、平台性、资源性、引领性等关键领域和具有核心竞争力的优势产业，以及未来可能形成主导产业的行业集中。据了解，目前广东准公共性行业资产总额超过 6000 亿元，约占省属企业资产总额的 54%。

在加快国有企业调整重组方面，广东按照主业聚集、方向清晰的要求，坚持市场化运作，以交叉持股、产业链延伸、设立合资公司等方式，推动国有企业之间的资源整合。通过加快跨区域、跨所有制的兼并重组，有效整合企业资源，打造一批主业突出、核心竞争力强的大企业集团。

在加快出清重组国有“僵尸企业”方面，广东制定全省国有企业出清重组“僵尸企业”、促进国资结构优化的指导意见以及省属国有企业实施方案，明确国有企业作为出清重组的责任主体，调查摸清全省国有“僵尸企业”底数，并划分为关停企业和特困企业两大类，力争用2～3年时间完成全省出清重组任务。

第二个坚持：广东坚持市场为导向、企业为主体，通过实施多项创新举措，不断健全现代企业制度。

在推进公司制股份制改革方面，广东推动省属企业集团全部完成公司制改革，二、三级全民所有制企业公司制改革有望在今年全面完成。广东省属二、三级企业基本上以增资扩股方式引进战略投资者并试行员工持股。目前，广东全省（含深圳市）国资控股的上市公司共78家，其中省属企业所持上市公司共26家，股权总市值约3000亿元。

在完善法人治理结构方面，广东通过落实董事会的各项权利，对规范法人治理结构的企业董事会下放授予高级管理人员任免权以及所监管企业有关部门和二级企业正职任免、负责人经营业绩考核和任期奖惩、领导班子和外部董事的综合考核评价等4项管理事项，接下来将在广东省属企业全面推行外部董事制度，授予更多自主权。

在改革选人用人机制方面，广东出台推进市场化选聘省属企业高级管理人员工作的指导意见，从2012年开始，省属企业新选任的经理班子成员均实行任期制和聘任制，聘期3年。2015年，广东省属企业共引进职业经理人30多名。

在建立激励约束机制方面，广东通过出台深化省属企业负责人薪酬制度改革的实施方案，积极探索期股期权、增量奖股、分红权等中长期激励机制，着力解决收入差距过大、激励机制不完善的问题。同时，注重建立完善约束机制，如严格执行审计制度、巡视制度、重大项目投资审批制度等，强化责任追究。

第三个坚持：广东注重营造企业发展的公平环境，积极促进国有资本、集体资本、非公有资本等交叉持股、相互融合，通过坚持平等竞合，务实稳妥推进混合所有制改革。

首先，分类分层推进。广东坚持以增量为侧重，重点在2000多家省属二、三级企业中择优选取50户企业开展试点。同时，明确企业要根据自身实际，制定具体改革实施方案，科学谋划、稳妥推进，混合与不混合、混合什么、与谁混合、怎么混合，要确保可行性、合理性和有效性。

其次，探索多种形式。广东根据所处行业、资产规模、骨干队伍等情况，探索企业发展混合所有制的多种方式，包括引入战略投资者、探索企业员工持股、吸引股权投资基金入股、搭建与非国有资本对接平台、引导各类资本支持公共项目建设等。

最后，加强规范管理。广东在推进信息公开化、评估规范化、竞价制度化、交易平台化过程中，并不片面追求指标和进度，不搞“花架子”，坚守“确保职工利益不受损、确保国有资产不流失”两条底线。

第四个坚持：广东针对国企自身短板，不断加强国有企业科技创新、管理创新和商业模式创新，通过坚持创新发展，促进国有经济提质增效。

首先，建立健全促进创新机制。目前，广东已经出台省属企业实施创新驱动战略加快转型升级的指导意见，建立综合排名和单项奖励、项目跟投、创新企业（项目）国有股东超股比担保、容错、集团对下属企业的清单管理、项目贴息、超额研发投入后补助等七大机制。

其次，积极培育新的经济增长点。广东着力发展战略性新兴产业，并在业绩考核、预算管理、资本配置等方面予以支持。此前成功举办的“广东省—中央企业‘十三五’战略合作对接会”，共签订合作项目超过400个、投资规模超过3万亿元，主要布局于现代产业、基础设施、技术创新、能源资源、绿色环保、社会事业等领域。

最后，大力发展“互联网+”。广东鼓励国有企业以信息化、智能化手段改造提升传统产业，积极发展电商平台等“互联网+”新业态、新产业。

正是通过持续推进这一系列举措，进一步提高了广东国有经济的质量和效益，使得广东2015年取得的成绩并非昙花一现。据了解，2016年1—5月，广东省、市两级国资委监管企业实现营业收入5014亿元，同比增长4.7%，归属于母公司所有者的净利润225亿元，同比增长5.8%。

[**链接**]

广东建工集团以自主创新促改革发展

广东省建工集团作为传统建筑企业，一直以建筑施工为主，经营模式和产业结构相对单一。在很长一段时期内，建工集团的发展规模和发展水平始终难有大的突破。

党的十八大以来，尤其是全面深化国企改革的号角吹响之后，建工集团创新战略思维，打造发展平台，用创新驱动转型、用转型推动发展，着力促进企业在商业模式、科学技术、盈利能力等方面取得创新突破，实现了从“单一建房”到“综合建城”的发展模式升级，从“传统建筑商”到“城市建设综合服务运营商”的发展理念升级。

“十二五”期间，建工集团实现营业收入合计 1303 亿元，年均 261 亿元，年均增长 6.87%；实现净利润合计 20.50 亿元，年均 4.10 亿元，年均增长 13.26%；净资产从 2010 年 14.55 亿元到 2015 年 68.27 亿元，年均增长 36.24%；资产负债率从 2010 年 86.58% 下降到 2015 年 69.33%。

在国企改革的大背景下，建工集团从产业结构和发展趋势的高度去思考未来，从客户价值和商业模式的深度去思考产品，从生态系统和价值链的广度去整合内外部资源，紧紧围绕城市建设综合服务运营商、绿色建设、建筑产业现代化、建筑业 + 互联网的大势进行创新驱动，实现转型升级的再次起航。

广东建工集团台车组装

首先，从“三商”定位到城市建设综合服务运营商。建工集团以“建筑商、投资商、运营商”三商定位为发展战略引擎，利用平台优势和政策机遇，积极参与新型城镇化建设和棚户区改造项目建设，包括城市更新改造、地铁轻轨、地下管廊及海绵城市等基础设施，为环保、绿色、智慧城市建设提供从投资融资、策划咨询、规划设计、开发建设、施工建造、运营管理等“全流程、一站式”的服务。

其次，从常规施工到建筑产业现代化。装备制造业是技术创新和成果产业化的核心领域。建工集团在成功研发泥水/土压双模式盾构机、填补国内轨道交通高端重型设备技术空白的基础上，积极贯彻省政府推动珠江西岸先进装备制造产业带发展的战略部署，与中铁装备集团在佛山市顺德区合作建设盾构掘进综合装备产业基地，总投资10亿元，预计年产值可达10亿元，实现由“单一施工”向“施工+研发+装备制造”的多联动转型，将产业链向发展高端装备制造业延伸。

最后，从信息化管理到建筑业+互联网。建工集团通过加快推动建筑业标准化、信息化、精细化的三化融合，实现“五个互联互通”，即集团上下各单位的互联互通、集团与建设项目的互联互通、上下产业链条的互联互通、集团与城市建设数据的互联互通以及数据与数据的互联互通，以此促进建筑业+互联网的融合，并通过构建城市建设大数据平台，形成建工集团作为城市建设综合运营商最核心的竞争力之一。

逆水行舟，不进则退。党的十八届五中全会提出创新、协调、绿色、开放、共享的发展理念，这是引领建筑业发展的航向。当前，建筑业企业同样面临全面深化改革、新型城镇化建设、“营改增”等机遇与挑战。建工集团希望通过自身“城市建设综合服务运营商”的实践，以国企责任之念，带动广东省建筑产业的转型发展。

市场化选人用人，释放改革活力

广东国企改革能够稳步推进的原因有很多，其中比较关键的两点，一个是制订了与当地情况相符合的改革方案，另外一个就是抓住了人才这个“牛鼻子”。

国企改革要想取得实际突破，通过市场化方式选人用人并激发人才队伍活力是关键。因为就算方案制订得再好，如果没有合适的人来落实，不能激发国企人才队伍的活力，一切都将沦为空谈。

党的十八届三中全会对国有企业提出了“建立职业经理人制度”、“更好发挥企业家作用”、“合理增加市场化选聘比例”等要求。近几年来，广东省一直大力探索实践党管干部原则与市场化选人用人相结合的有效途径，在坚持选人用人规范和从严监督管理的基础上，积极推动选人用人制度改革，形成了市场化配置企业人力资源的导向。

实施经理班子成员聘任制管理

2012 年 5 月，广东省委组织部、省国资委党委制定下发了《关于加强省属企业领导班子建设的实施意见》，对创新选人用人方式提出了全面引入竞争择优机制、实施任期制聘任制管理和建立能下能出机制的要求，明确了市场化的方向。

从 2012 年 6 月开始，广东对新选任的省属企业经理班子成员统一实行了聘任制管理，每个聘期为 3 年，聘期满后须经考核合格才可以续聘，不适宜继续担任现职务的，另行安排工作，不再享有原领导岗位待遇，初步建立了企业领导人员“能下能出”机制。

推进新增高级管理人员市场化选聘

2014 年 9 月，广东省国资委出台了《关于推进市场化选聘省属企业高级管理人员工作的指导意见》，明确要求和规范企业实施市场化选聘、推进职业经理人制度建设的方向、路径和具体工作，将选人用人市场化导向进一步具体化。

该意见主要明确了几个重点：一是推行聘任制和契约化管理；

二是实行薪酬协商制；三是人事档案交由人才服务中介机构保管。同年10月，广东省国资委在竞争选聘的基础上进一步大胆突破，开展了产权交易集团经理班子整体市场化选聘改革试点，并授权董事会负责考核和管理。

推动存量企业领导人员市场化

在新增人员逐步以市场选聘为主渠道的同时，需要妥善处理好企业领导人员增量与存量的关系，为存量人员提供走向市场的出口。为此，广东省在2014年出台的《关于全面深化国有企业改革的意见》中，率先提出了“企业现任高级管理人员可按职业经理人制度模式管理”。

目前，广东省国资委已完成《省属企业现任领导人员转聘职业经理人工作的指导意见》的起草工作，正在广泛征求意见进行进一步完善，计划在今年出台。

在改革推进过程中，广东方面认识到，建立市场化选人用人机制只是第一步，进一步释放人才队伍的活力才是关键。因此，广东大力推进国有企业薪酬制度改革，希望以此来激发人才队伍活力。

2015年3月11日，广东省正式印发了《关于深化省属企业负责人薪酬制度改革的实施方案》（以下简称《实施方案》）。

广东省在推进国有企业负责人薪酬制度改革时，并没有层层降薪，而是针对省属企业实际情况，将省属企业划分为三个层面，并采取不同措施：

一是省属企业负责人，严格按照《广东省人民政府关于印发省属企业负责人薪酬制度改革实施方案的通知》（粤府〔2015〕29号）的规定执行，并将企业年金、补充医疗保险和住房公积金等福利性待遇一并纳入薪酬体系，进行规范管理。

二是省属企业集团本部，根据国有企业薪酬改革精神，要求企业重新制定本部薪酬方案，对偏高、过高收入进行调整，对收入偏低的也给予适当增长。

三是下属企业，工资总额与效益挂钩，充分体现“业绩升、薪酬升，业绩降、薪酬降”，且要求新增工资要向技术含量高、责任重、贡献大的岗位和苦脏累差的一线岗位倾斜，切实提高一线员工的薪酬水平。

对于市场化选聘的职业经理人，广东实行市场化薪酬分配制度。目前，广东省率先在省属产权交易集团采取整个经营班子市场化选聘职业经理人的试点工作。按照市场机制协商确定薪酬，企业董事会根据经营班子人员的聘用职位、经营目标等数据，进行考核，并将考核结果直接体现在全年的工资总额中。

正是通过这一系列制度和措施，广东国资真正建立了“员工能进能出、干部能上能下、收入能增能减”的国有企业人才机制，从而释放了改革活力，为国企改革稳步推进打下了坚实的基础。

[**链接**]

广新信息：技术型企业的国企改革之路

在国企改革过程中，有这么一类特殊的企业，相对于处在传统行业中的国有企业，它们的改革经验更加值得推广和借鉴。这便是身处战略性新兴产业的国有企业。

广东广新信息产业股份有限公司成立于2010年6月，是广东省广新控股集团旗下的控股公司，主要从事高端信息技术服务，属于战略性新兴产业。

在广东上万家国有企业中，广新信息的历史积淀和体量都没有太多优势，甚至显得有些身单体薄。不过，先天不足并不代表会后天乏力，在全面深化国企改革的背景下，在广东这片热土上，广新信息把握住了天时地利人和的优势，近年来发展势头迅猛。

成立六年成效显著

六年时间可以培养出一个奥运健儿，可以让一个大学生完成本硕学业，同样也可以见证一家信息科技企业从新生到茁壮成长的过程。

2015 年，广新信息营业收入 8553.04 万元，归属于挂牌公司股东净利润 820.25 万元。成立至今，广新信息已经连续六年实现营业收入和净利润的增长。据广新信息董事长朱丹阳介绍，六年多来，该公司营业收入年复合增长率超 67%，归属于母公司股东净利润年复合增长率超过 54%。

2016 年 6 月，全国中小企业股份转让系统发布分层实施方案，广新信息成为首批入选“创新层”的企业。截至目前，广新信息每股价值较改制之时增长约 300%，有效地实现了国有资产的保值增值。

作为被国家工信部认定为两化融合试点企业，广新信息还被广东省国资委、省科技厅等认定为省属 50 家体制机制改革创新试点企业和 20 家省属科技创新企业。广新信息同时还是广东省跨境电商行业 30 强企业、广东省自主创新示范企业、广东省电子商务示范企业、广东省物联网示范企业、广东省重合同守信用企业、广州市首批科技小巨人企业、广州市纳税信用 A 级企业。

目前，广新信息在广州海珠区琶洲、郑州新郑高新区建立两大技术研发基地，拥有一支在创新物联网应用以及“互联网 +”领域具有丰富经验的研发团队，多年来与国内外一流技术公司、高等学府和研究机构合作开展物联网信息技术创新与应用，取得了良好的社会效益和经济效益。

六年来，广新信息获得了55项技术专利与软件著作权，并在这个基础上形成了36个标准化市场产品，积累300多项成功应用实例。与此同时，公司还建立了广州葵蓬物联网示范基地、江西物联网示范基地、澳大利亚ITS追溯中心以及潮州防伪溯源示范基地。在快速拓展业务的同时，广新信息还相继成立了广东粤新信息技术推广有限公司、江西广讯物联网有限公司、广东南方新视界传媒科技有限公司等三家控股或参股公司。

广新信息参与由国家食品药品监督管理总局组织的国家科技支撑计划课题——《食品安全电子溯源技术研究及示范》，并承担多项省市级课题。多项产品获得“广东省高新技术产品”认定及广州市科学技术奖等。广新信息防伪溯源产品被科技部门相关评审专家认定为目前国内跨平台应用广、成功案例多、适应性强的产品，已达到国内领先水平。

2015年1月，广新信息在“新三板”挂牌

用改革打破发展瓶颈

作为一家从事信息技术服务的企业，广新信息最初是以防伪溯源为基础逐步发展起来的。这一技术对人们并不陌生，像人们所熟悉的中粮集团所打造的从“田间到餐桌”的全产业链，其中就需要用到类似的技术。

起初，防伪溯源相关领域还是一片蓝海。通过所掌握的相关技术，广新信息在获得稳定增长的收益的同时，也在与其他社会组织合作的过程中拓宽了视野，积累了丰富的社会资源。但是，随着近几年来人们对食品安全等越来越重视，这一领域的行业跟进者逐渐增加，利润率不高的负面效应开始显现。

虽然企业成立的时间并不久，但广新信息董事长朱丹阳等公司管理层敏锐地感觉到，部分员工已经有了安于现状的心理，感受不到来自市场的压力。为了打破这种局面，广新信息决定进行体制机制改革，与此同时，开拓新的业务模式，寻找新的盈利增长点。

2014 年 2 月，广新信息正式启动公司股份制改造工作。在股份制改造的过程中，广新信息完成了管理层增资扩股，管理层持股占改制后广新信息总股本 6250 万股的 20%。

在完成管理层与核心骨干增资扩股的基础上，广新信息确定 4 月 30 日为股改基准日，报请公司董事会、广新集团及省国资委批准，并于 7 月 19 日正式召开了股份有限公司创立大会暨第一届股东会、董事会和监事会会议，完成了“三会”的组建，通过了规范股份公司法人治理结构相关决议。这标志着“广东广新信息产业股份有限公司”正式成立。

随后，广东省工商局于 8 月 7 日核发了股份有限公司的营业执照。至此，广新信息股份制改造工作顺利完成。广新信息在股份公司成立后，整理并制作向全国中小企业股份转让系统申请挂牌的相关材料。2015 年 1 月 16 日，广新信息股票于全国中小企业股份转让系统正式公开转让。历时一年时间，广新信息正式登陆新三板。

2015 年 5 月，广新信息在挂牌新三板的基础上，在省国资委及广新集团的领导下，通过深化改革，强化运作，启动并完成了定向发行股票工作，成功定向发行股票 1350 万股，募资 4050 万元。

通过此次定向增发，广新信息引入了广东国有企业重组发展基金入股，同时还引入了鼎锋资产、华腾资本等具有优势资源的其他战略投资者。这些战略投资者均分别具有资金、市场、管理、人才等资源优势，能够促进广新信息的升级发展，有助于广新信息做强做大。

2015 年 5 月，公司拟定员工持股计划，通过定向增发，以员工持股平台的形式进一步扩大员工持股。6 月，员工持股方案分别经董事会会议、监事会会议及临时股东大会审议通过。与此同时，员工持股平台——广州市安硕投资管理合伙企业同步成立。

朱丹阳认为，通过实施员工持股计划，进一步激发了企业的活力，促进了企业的快速发展。

多措并举释放企业潜力

在体制机制改革的基础上，广新信息还积极开拓新的业务模式，寻找新的盈利增长点。

首先，深耕防伪溯源核心领域的物联网技术与应用广新信息核心技术。广新信息从行业和地域两个维度延伸，将防伪溯源系统、物联网示范基地、产品检测中心、直销采购中心、企业移动商城五大核心要素集成一体，从酒类、茶叶、肉品等食品行业快速复制到保健品、厨余回收、装备制造等十几个行业以及政府机构的工商营业执照管理领域。

广新信息以防伪溯源技术为基础，创新互联网技术，共开发出大型B2B、B2C、B2B2C等电子商务平台、O2O模式全流程可追溯物联网服务平台、新一代国际商贸供应链集成服务平台、跨境电子商务平台、移动客户终端APP应用平台等多元化电商平台达40多个，注册用户数量超过30多万，企业交易量超过517亿人民币，年流量超4000万人次。

其次，开拓以智能播控为基础的智慧智能应用新业务。广新信息通过不断开拓智慧智能应用新业务，已经实施的成功案例涵盖智慧旅游、智慧物流、智慧政务、智慧民生等细分领域。

其中，广新信息开发的户外LED智能播控平台已成功应用于广东、河南、江西、山东等四百块户外LED大屏上。在现有智能播控系统基础上，广新信息协同南方新视界、广东联通、暨大舆情研究中心联合研发基于运营商大数据的户外媒体价值解决方案MODS，力争通过数据整合和挖掘实现数据增值，为企业客户提供大数据整体解决方案，在户外传媒领域取得令人瞩目的社会效益与经济效益。

最后，强化以异构系统集成技术为依托的应用与服务。广新信息通过为客户提供项目咨询、系统设计、编程实施、安装调试以及培训支持等系统服务，满足了用户提高生产系统自动化程度的根本需求，实现了用户的投资价值。

在体制机制改革和业务拓展的基础上，目前，广新信息正在由单一的信息技术提供商，向致力于从事创新物联网应用、打造智慧智能服务平台以及物联网信息技术领域知名综合服务提供商转变。

“下一步，广新信息将围绕主业及重点项目加大资源配置、项目培育的力度，优化商业模式和盈利模式，夯实并延伸产业链，构建物联网生态圈闭环，打造企业核心竞争力，巩固公司在创新物联网应用领域这一细分行业的领先地位，力争发展成为行业龙头企业。”朱丹阳说。

完善国资管理体制，保证国有经济控制力

“改革”从字面上理解，强调的是变化，但其本质其实是再平衡的过程。一直以来，市场化是国企改革的一个重点，但凡事过犹不及，如果过于追求活力，旧平衡被打破之后新平衡很难建立，最终将导致中国经济的失衡或紊乱。

因此，在国企改革过程中，国有经济的活力、控制力、影响力和抗风险能力一个都不能少。其中，与活力相对应的是市场化，与控制力相对应的则是进一步完善国资监管体制。

目前，广东国资并没有沉浸在市场化的“兴奋剂”里，而是理智冷静地将“放水养鱼”与“筑塘修渠”同时兼顾，在释放活力的同时兼顾国有经济的控制力。

在完善国资管理体制，加强国资监管方面，广东主要有四项重要举措。

以管资本为主推进国有资产监管机构职能转变

2014 年底，广东省在全国国资系统率先实施清单管理，公布了省国资委 43 项权责事项。国资委重点管好国有资本布局、规范资本运作、提高资本回报、维护资本安全。同时，广东省各级国资委准确把握依法履行出资人职责的定位，以建立出资人管理事项清单制度为切入点，调整优化国资监管职能。

下一步，广东拟出台《权责清单事项服务指南》，分类明确监管清单、报备清单和奖惩清单，未列入监管清单的事项，由企业自主决策，实现以管企业为主向以管资本为主的转变。通过建立广东省国资委对省属企业集团、集团对下属企业的权责清单制度，充分释放企业的经营自主权。

开展改组组建国有资本投资、运营公司

番禺大桥

广东省国资委选取粤海控股集团作为国有资本投资公司的改革试点，按照“权责统一、管放统一和奖惩统一”三项原则，完善国有资本授权经营体制，在省国资委代表省政府履行出资人职责范围内，授予粤海控股集团董事会投资经营、资本运作、人员选聘、薪酬管理等四方面权利，促进企业做大做强做优。

同时，广东省国资委正在探索完善恒健控股公司作为国有资本运营公司的功能，立足于集聚国有资本，构建国有资本市场化运营专业平台，在充分授权的基础上，以市场化的方式服务省委省政府的战略部署，通过股权运作、价值管理、有序进退，促进国有资本合理流动，通过开展投资融资、产业培育、资本整合，推动产业集聚和转型升级，优化国有资本布局结构，实现保值增值。

建立经营性国有资产统筹协调的运行机制

广东省各地市结合实际，努力建立经营性国有资产统筹协调的运行机制。中山、阳江等市对经营性的事业单位加快市场化改革步伐，广州、江门、肇庆、茂名、云浮、汕尾等市在推进经营性国有资产集中统一监管方面取得了较好成效。特别是广州，在经营性国有资产监管全覆盖方面进展明显，国资委监管企业范围基本涵盖基础设施、公共服务、金融等全部领域和行业，文化、民政、科信、劳教、司法、农业等领域，实现了监管规则统一，监管企业资产总额已超过 2.5 万亿元。

目前，广东省国资委监管企业已实现了管资产与管人、管事相结合，形成了一整套监管制度体系。下一步，广东计划将脱钩企业国有资本纳入经营性国有资产集中统一监管。统一国有资产监管的标准、制度和信息系统。统一建立高质量的国有资本监管的信息系统，统一国有资产的统计、预算、投资、考核等监管制度。

加强国资监管，健全国有企业外部监督机制

针对一段时间以来广东省属企业投资决策和商贸业务风险频发造成资产损失的现象，以及巡视、巡查、审计中发现的问题，广东省国资委在 2014 年初开始，按照鼓励转型类、规范管理类、限期清退类、坚决禁止类等四类开展了商贸业务分类清理，仅广物控股集团一个集团就退出高风险、低效益贸易业务 300 多亿元。

在投资决策的程序规范监管和项目决策主观责任失误方面，广东国资委正加大追责力度，要求每个企业制定一个风险防范方案，与各企业领导班子的党风廉政建设责任一同部署、一同签订责任书、一同监督检查、一同问责。

在强化出资人监督方面，广东正在进一步探索建立重大问题监管约谈和年度综合会商机制，共同会商企业重大事项。推行省属企业国有产权首席代表报告制度，以事后监督和年度评价的方式单独加强对企业董事长履职行为的规范与制衡。建立省属企业规范治理视频信息系统，实行有痕监管。省属企业推行全面预算管理制度，强化预算执行监督和考核。同时，全面推行总法律顾问制度，发挥总法律顾问在经营管理中的法律审核把关作用。

为了建立健全高效协同的外部监督机制，广东省国资系统正在进一步推动建立投资项目后评价制度，除不可抗力因素外，项目达产后3年内平均收益未达到可行性研究报告收益指标90%的，实行经济责任回溯追究；通过加强和改进外派监事会制度，加强当期和事中监督，强化监督成果运用；通过整合出资人监管、外派监事会监督和审计、纪检监察、巡视巡查等监督手段，建立监督工作会商机制，提高监督效能。

（撰稿：任腾飞）

[专家点评]

季晓南

国有重点大型企业监事会主席，中央第九巡视组副组长

广东是我国的经济大省，连续多年国内生产总值位居全国第一；广东也是国有经济大省，国有经济总量在全国居于前列。面对经济发展新常态，广东把国有企业改革摆在全省重点改革任务之首，充分释放国企改革红利，增强国有经济活力动力，促进广东经济转型升级和较快发展。

广东作为我国改革开放的前沿地带，在许多改革实践方面敢为人先。本轮国企改革过程中，广东走在了全国的前列。从改革效果看，广东国资监管企业的主要经济指标在全国也名列前茅，实现了国有经济的提质增效，演出了一场国企改革和发展的双重奏。

广东国企改革能够取得明显成效，最为重要的一点就是省委、省政府高度重视，将国企改革摆在头等位置来抓。同时，突出问题导向，在全面推进国企改革的基础上，抓住改革重点难点积极进行试点；坚持市场导向，加快形成有利于适应市场竞争要求的体制机制，增强国企的活力和竞争力；强调效果导向，推出多项改革举措，确保国企质量和效益明显提升。

广东国企改革能够取得明显成效，很重要的就是，注意处理好了两个关系：一个是改革、发展与稳定的关系，另一个是增强活力与加强监管的关系。广东国企改革的经验说明，如果处理得好，增强国企活力和加强国资监管可以相互促进，相得益彰。

从2016年开始，深化国企改革的重点已经从顶层设计转向全面

落实。近日，《关于国有控股混合所有制企业开展员工持股试点的意见》也已正式下发。广东应乘势而上，持续发力，率先作为，在国企改革方面继续走在全国前列，选择具有突破性和先导性的改革事项积极进行试点，取得经验后尽快推开，力争在国企改革的重要领域和关键环节取得决定性成果。

5.重庆市国资委

“加”“减”之间促改革

2016年上半年，重庆以10.6%的经济增速连续10个季度领跑全国，成为中国经济的一抹“亮色”。而作为国资“重镇”，重庆国有企业的业绩数据更为“亮眼”：上半年实现利润185亿元，同比增长13.5%；上缴税收195亿元，同比增长28.1%。在经济下行压力持续加大的宏观背景下，重庆国企成为当地经济社会发展的重要支撑力量。

在上一轮改革国资国企改革中，重庆以成立“八大投”为代表的改革实践，为服务地方经济社会发展、促进国有资本布局结构调整完善、提升国有经济发展质量效益、服务和改善民生发挥了重要作用。经济新常态下，面对供给侧结构性改革要求和新一轮国资国企改革压力，重庆大力推动国有企业“三去一降一补”、实施企业专业化重组整合、压缩企业管理层级，对“存量”做“减法”；持续推动企业创新发展，不断增加有效供给，深入推进各项改革试点，着力做“加法”扩大“增量”。“加”“减”共促，推动重庆国资布局结构进一步优化，企业发展质量不断提升、经营业绩节节攀高。

做“减法”实现“瘦身健体”，发力供给侧结构性改革

重庆市市长黄奇帆在谈及重庆经济表现时说，近年来重庆经济持续保持两位数增长，除了支柱产业持续壮大之外，更为重要的是重庆没有明显的产能过剩行业“拖后腿”；10年前重庆的钢铁产能是600万吨，10年后的今天依然是600万吨。而除了重庆钢铁，目前重庆市属企业集团层面没有亏损企业。

尽管如此，在经济下行压力之下，一些企业经营管理问题也逐渐暴露出来。为此，重庆出台了《市属国有重点企业推进供给侧结构性改革实施方案（2016—2017年）》，明确了“一创三去一降一补一压”七大任务，其中有六项任务都是在做“减法”，为企业“瘦身健体”。

加快国有“僵尸”企业和空壳企业处置

据重庆市国资委副主任林军介绍，通过公开转让、清算注销、破产关闭、重组整合、集中管理等方式，2016年重庆计划分类处置“僵尸”“空壳”企业211户，已完成处置29户、已关停正履行注销程序的有19户、已进入司法破产程序的有9户，尚有154户正在推进中。

按照分类处置的原则，重庆还启动了低效无效资产的处置工作，重点清理了重庆钢铁集团、重庆能源集团、重庆粮食集团、重庆化医集团、重庆交通开发投资集团、重庆旅游投资集团6户企业闲置存置土地3.9万亩，按照自行盘活、与区县政府协商回购或储备、

由地产集团收储等方式制定处置方案。

重庆钢铁集团现有 14 家子公司符合“僵尸”“空壳”条件，其中“僵尸”企业 9 家、“空壳”企业 5 家。根据企业的实际情况，分别对“僵尸”企业采取不同的改革措施，推动企业尽快脱困；对“空壳”企业，采取关闭或依法破产的方式，彻底消灭亏损企业。

积极稳妥推进煤炭、钢铁、化工企业“去产能”

目前，重庆能源集团已关闭 8 对矿井和 2 个火电厂，停产、停建 10 对煤矿，减少煤炭产能 542 万吨，减员分流 2.1 万人；重庆钢铁集团已关闭年产能 140 万吨的 1750 立方米高炉 1 座、年产能 240 万吨的炼钢 80 吨转炉 3 座，减员分流 3829 人；重庆化医集团减少产能 200 万吨，减员人流 4000 多人。

重庆市国资委和市财政局还确定在国有资本经营预算中设立重庆国企改革稳定专项支出，已向重庆钢铁集团安排专项资金 1.9 亿元，下半年还将向重庆能源集团、重庆化医集团、重庆粮食集团安排专项资金支持企业人员分流。

与此同时，重庆还着力推动地方国企对接国家“一带一路”战略，开展国际产能合作，重点推进基础化工、轨道交通、电站设施设备、垃圾焚烧发电产业“走出去”。

加强管控，推动企业“去杠杆”

据重庆市国资委介绍，目前重庆正积极推进四联集团混合所有制改革，力争建工股份 A 股、川仪微电路三板挂牌上市；已完成重庆百货定向增发，建峰化工重组医药股份与渝三峡重大资产重组取得重大进展，完成庆铃股份回归 A 股和城投金卡、三峰环境、民生公司A股材料申报，完成登康公司、天友乳业上市方案制定，启动综西贸易、西昌矿业、通航集团股改。

为有效控制金融创新产品杠杆率，重庆出台了《关于进一步规范国有股权投资基金管理的通知》《关于加强资金及银行账户管理的通知》；对市属国有重点企业新设互联网金融企业进行严格审批，对设立的互联网金融企业不准自行设立资金池、不准乱集资、不准搞固定投资回报；规范P2P等互联网金融企业的管理，暂停了联保通等互联网金融平台P2P产品的发售；严禁市属国有企业组织或参与非法集资行为，并要求银行、担保公司等金融企业加强风险管控，避免发行的金融产品与非法集资相互关联、相互交织形成更大风险。

加快实施企业重组整合

大力推动国企由“大而全”“小而全”向“专而精”转变，坚定不移突出主业、精干主业、做强主业，推动企业兼并重组，引导资金、技术、人才等资源向优势行业、优势企业集中，不断增强企业主管业务盈利能力和市场核心竞争力。2016年上半年，重庆已基本完成市级国有资产产权交易、政府采购、土地和矿产权交易、工程建设设标招标投标等职能整合，设立了重庆市公共资源交易中心。

据介绍，目前重庆共有39家市属房地产企业，除保留重庆地产集团所属的康田公司、重庆城投集团所属的渝开发公司和重庆建工所属的建工房地产公司外，其余市属国企将从房地产行业有序退出，目前32户企业已提出初步整合思路。目前重庆市属国企中还有12户建筑企业，除保留巨能集团、重庆外经贸集团等4家企业外，其余8家建筑企业将分别予以关闭注销、重组整合和股权转让。

此外，重庆国有企业内部重组整合步伐正不断加快，2016年上半年重庆钢铁集团已将重钢设计院、重钢建设公司、重钢三峰工业公司整合进入了重庆钢构公司；重庆化医集团推动了建峰化工重组医药股份、渝三峡重大资产重组；重庆商投集团完成了惠隆百货超市整合到人道美公司。重庆市国资委正主导开展重钢股份、建峰化工、三峡油漆资产重组，将低效资产置出、将优质资产置入上市公司。

加强管理，促进降本增效

重庆出台了《市属国有重点企业提质增效工作方案》，提出了“规模降本、采购降本、工序降本、销售增效、管理降本、资金降本、开源增效、改革降本、财务精细化降本、政策降本”10项降本增效举措，并鼓励和支持有条件的企业发行企业债和公司债，用长期低利率债务置换短期高利率债务，有效降低利息支出，减轻企业财务负担，实现降本工作。

2016年1—5月，重庆8户工业企业管理费用同比下降1.1%，8户商贸物流企业营业成本同比下降5.2%，12户金融企业营业成本同比下降2.2%，市属国有重点企业财务费同比下降8.9%。

重庆化医集团在降成本方面实施了五项有效的措施：一是争取水、电、气政策，降低水、电、气费用；二是加强资金集中管理，提高资金运营效率，多渠道筹资融资置换高成本债务，降低综合资金成本；三是充分利用物联网、大数据、移动互联网等先进技术在物流领域的应用，推行大宗物资集中采购，降低物流成本；四是积极稳妥推进分流减员，优化企业人员结构，切实降低用工成本；五是落实各种税费优惠和“营改增”政策，最大限度享受税收优惠，减少税费支出。

精兵简政，压缩企业管理层级

按照产业关联度和突出主业原则，重庆采取无偿划转、吸收合并、协议转让、公开转让、清算注销或司法破产以及改设分公司等方式，大力推进企业减幅缩链，严格要求市属国有企业管理层级原则上必须控制在三级以内，形成主业突出、产权清晰、层级精干、幅度合理的治理结构和管控模式。经清理，重庆36户市属重点企业中，共有17户企业集团下属260户企业涉及企业管理层级压缩，其中二级企业19户、三级企业71户、四级企业143户、五级及以下企业27户。按照计划，2016年重庆将压缩120户。

重庆还明确提出，今后新设企业必须由企业集团（一级）决策，将新设四级及以下企业的投资纳入投资负面清单，从源头控封管理层级；强化投资计划、董事会决策、投资后评价管理，减少对投资项目审核或审批。

通过精兵简政，重庆钢铁集团的机关职能管理部门由调整前的17个精简为8个，管理人员由180人减至75人；重庆钢铁股份公司管理部门由18个精简为6个，并重新树立了管理职责。2016年内，重庆钢铁集团将消灭全部四级公司，清理关闭无效低效的三级企业。

做“加法”推动“提质增效”，不断增强企业活力竞争力

随着近期中央关于国资国企改革“1＋N”政策逐步出台，国资国企改革改革的政策框架基本形成。重庆严格按照中央关于国资国企改革的精神，组织开展了多项改革试点工作，取得初步成效。

改革试点，以点带面不断增强企业活力

2016 年年初，重庆市国有企业和完善基本经济制度改革专项小组确定在市属国有重点企业开展“九项改革试点”：

一是在重庆商社集团、中国四联集团开展集团层面混合所有制改革试点，目前重庆商社集团已完成整体上市，四联集团正制定改革方案。

二是开展改组组建国有资本投资、运营公司试点，目前重庆渝富集团改组为股权类国有资本运营公司方案已基本成熟，重庆渝康资产公司已经挂牌运营；重庆市国资委正在制定国有资本投资公司规范运行的意见，将进一步理清投资公司的投资业务领域边界、市国资委与投资公司的权责边界、投资公司与子公司的权责边界；实行三级管控模式，即集团总部（一级）为投资战略决策中心、二级企业为经营利润中心、三级企业为成本控制中心；推行“三个集中”，即集团总部投资集中决策、资金集中管理、新设公司集中审批。

三是在重庆城投集团、重庆交通开投集团、西永微电园公司、三峡担保集团、重庆进出口担保集团等 5 个企业所属的二、三级子公司开展落实董事会重大事项决策权、选人用人权、考核分配权“三项职权”试点。

四是在重庆化医集团、重庆机电集团、重庆水务资产公司、重庆地产集团、重庆渝富集团开展董事会“内部董事 + 专职外部董事 + 兼职外部董事”建设试点；同步制定市属重点企业专职外部董事、专职监事管理办法。

五是在重庆银行、重庆农商行、西南证券公司、重庆商社集团、

重庆对外经贸集团等5户企业所属二、三级子公司开展推行职业经理人制度试点。上半年，重庆商社集团、重庆对外经贸集团已在下属企业通过市场化方式选聘了专业化经营管理人员。

六是在四联集团、重庆渝富集团、重庆银行、重庆农商行、重庆商社集团、重庆投资咨询集团等企业集团下属二、三级公司开展企业薪酬分配差异化改革试点。目前，重庆银行、西南证券、重庆投资咨询集团等市场化程度比较高的企业已基本实现薪酬分配差异化。

七是在重庆钢铁集团、重庆能源集团、重庆高速集团、重庆渝富集团、重庆粮食集团、重庆商投集团、重庆投资咨询集团、重庆联合交易所集团等所属二、三级企业开展深化企业内部市场化选人用人制度试点。目前各试点企业均已启动相关工作。

八是在重钢股份、重百股份等二级公司和重庆银行、重庆农商行、西南证券公司开展混合所有制企业员工持股试点，相关工作正有序推进。

九是在重庆钢铁集团等下属二、三级企业开展中长期激励试点。该项试点对象主要是科技型企业，目前重钢设计院已经制定相关方案，正在报批实施。

创新驱动，持续增强有效供给

2014年，重庆按照“技术有前景、市场有需求、重庆有基础”的原则，甄选确定了页岩气、机器人及智能装备、电子核心部件等十大战略性新兴产业；2015年这十大产业产值突破1660亿元，同比增幅超过150%。近期，重庆又将国际物流、跨境电商、物联网、跨境支付结算等产业确定为十大战略性新兴服务业，着力形成战略性新兴产业与战略性新兴服务业互为依托、相互促进的良性互动格局。

重庆市国资委副主任林军表示，将鼓励和支持市属国有重点工业企业和投资运营公司围绕十大战略性新兴产业，通过控股、参股方式大力发展战略性新兴制造业、加快培育战略性新兴服务业。

2016 年上半年，重庆市国资委出台了《关于推动市属国有企业创新发展的实施意见》，分别确定工业类、商贸物流类、投融资类、金融类企业的创新着力点，项目化推进创新工作。重庆还将在市属国企中实施智能制造、技术改造、工业强基、质量品牌、服务型制造、绿色制造六大工程，全面改造提升传统优势产业。

重庆还提出，将做实一批国有股权投资基金，发挥好基金的引导作用，撬动社会资本进入新产业、新业态。目前重庆已发起设立国资背景的基金公司 12 家、发起设立基金 38 支，基金总规模达到 2368 亿元，基金已投资新产业项目 430 亿元，撬动社会资本 1300 亿元。

在以上措施的推动下，重庆已经涌现出一大批创新型国有企业。四联集团一系列具有自主知识产权的新产品批量进入市场，新产品年均贡献率达到 30% 以上，部分产品实现替代进口；新增市级技术创新平台 1 个，积极筹建院士专家科研工作站，目前已拥有 2 个国家级企业技术中心、1 个博士后科研工作站和 11 个市级创新平台；主体企业重点实施“对标赶超、替代进口”战略，取得一系列自主创新和市场化成果，先后完成

重庆涌现出一大批创新型国企

“工业控制高精度压力传感器实用化技术研究”“典型智能现场仪表数字化制造车间”等一批国家重大科技项目和省部级重点科技攻关和技术创新项目；集团及所属企业新申报国家及市级科技项目21项，新获专利授权105项。目前，四联集团累计拥有有效专利861项，其中发明专利有123项。

重庆钢铁集团制定并推进了产业链创新发展战略，在产业链上游，着力创新驱动转型，以新技术带动新发展。重钢西昌矿业有限公司推动工艺和产品向特色化和效益化方向发展，依靠拥有自主知识产权的低品位钒钛磁铁矿综合利用技术，突破钒钛资源开采、选矿、伴生稀贵金属回收、深加工等领域的多项枝心关键技术并成功应用推广，获得了良好的经济效益。组建重庆钢结构产业有限公司，1—6月共获得新订单20.57亿元，正在重点跟踪规模以上项目50余个。

在金融领域，重庆农村商业银行创新银企政合作模式，推出了“科技兴企业助保贷款”产品，截至2016年6月已支持84个客户，累计授信金额6.04亿元。同时，重庆农商行还推出小微企业增信贷，创新弱担保信贷产品，先后推出“国内发票融资”“订单贷”“税易贷”“退税贷”“医保贷”“政银贷”“助业保捷贷”“政府采购贷”等弱担保贷款产品，服务小微企业发展；推出“微粒贷”“云微贷”创新贷款申请渠道，实现在微信端、手机QQ端和专业APP等移动平台办理贷款申请、支用、贷款收回；与重庆产业引导基金联合举办“投融资对接暨项目签约会”，搭建联动平台，助力企业“股+债”融资，目前对接企业超过15家、预计合作金额13亿元。

探索改组组建国有资本运营公司

重庆渝富集团成立于2004年，是重庆市政府设立的国有独资企业。渝富集团成立以来，坚持“服务政府战略、遵循市场规律”，通过市场化的资本运作来帮助政府实现宏观调控目标。渝富在改组建设国有资本运营公司试点过程中，主要从四个方面进行了探索。

（1）探索资本运营功能，加快从“三个重组”职能向“资本运作、积极股东、进退流转”功能转变。

2004年至2013年，渝富集团定位于政府化解处置不良资产、经营运作国有资产的杠杆和工具。渝富集团在前十年的探索中，逐步形成债务重组、土地重组、资产重组等三项职能。通过股权类资本运营公司建设试点，渝富集团正着力强化“资本运作”“积极股东”“进退留转”等三项功能：

一是强化“积极股东”功能，在股权管理中推动价值创造。对存量股权资本充分发挥“用手投票”的机制，实施价值管理。建立专兼职董监高队伍，参与并推动改善所出资企业公司治理。实施股权价值台账管理，建立议案联动审议机制，通过行使建议权或否决权优化决策，促进股权价值提升。

二是强化“进退流转”功能，在资本运动中推动价值实现。强化“用脚投票”机制，促进股权有序进退。定期分析研判所出资企业财务运行状况、股权价值变化趋势，战略性投资依据战略需要和培育阶段实施战略投资、战略推出；财务性投资按照“增持上升期企业股权、维持成熟期企业股权、减持衰退期企业股权”实施投资组合动态管理。

三是强化“资本运作”功能，在优化配置中推动价值嬗变。通过资本运作推动所出资企业引入战役、兼并收购，聚合外部优质互补资源，强化企业原有的核心竞争力、构造企业新的核心竞争力。推动所出资企业分立组合，裂变形成新的竞争优势，或促进所出资企业战略合作，更有效地发挥协同效应。

（2）探索资本运营工具，加快从“三个功能性工具”向“三个市场化工具”转变。

渝富集团改革转型前，主要运用土地整治出让、债券融资直投、待批资产收处等功能性工具实施资产经营。在试点国有资本运营公司的过程中，渝富集团积极创新运作工具，初步形成资本市场、基金、AMC等市场化资本运营工具。

一是探索搭建资本市场工具。着力打造上市公司集群，在运营好8户控股上市公司股权的同时，推进渝富集团及所出资企业加速上市。更加注重运用资本市场工具实施增量投资，运用多层次资本市场开展IPO、定向增发、二级市场减持，推动资本价值形态转换，实现国有资本循环流动增值。

二是探索搭建基金工具。在实施自有资本直接投资的基础上，更加注重运用基金引导投资方式。重点运营以战略性新兴产业股权投资基金为代表的产业基金群、以中心互联互通基金为代表的开放型基金群、以国企并购重组基金为代表的供给侧结构性改革基金群、以高科技创新投资基金为代表的风投基金群。

三是搭建金融资产收购处置工具。渝富集团创新运用AMC金融业务资质，发挥资本运营与AMC的协同效应，探索运用“综合性交易+创新型交易”模式，批量收购处置地方金融不良资产、市场化经营流动性较弱股权。

（3）探索资本运营管控模式，加快从“三个平衡”向“三有三不”转变。

渝富集团在改革转型前，作为资产经营管理企业主要注重实现“资产负债平衡、现金流平衡、投资损益平衡”，在试点建设国有资本运营公司的过程中，正加快形成“有投资不控股、有股权不并表、有资产不负债”的资产运营管控模式。

推进国有企业参与基础设施 PPP 项目

PPP 模式是推动国资国企混合所有制改革、创新投融资模式、保障重点项目建设的重要途径。近 3 年来，重庆不断加强国有企业承担 PPP 项目的对外宣传推介，累计吸引社会资本签约合作项目 73 个、签约投资金额 3000 亿元。

截至目前，重庆已实施 PPP 项目 24 个、总投资 1611 亿元，其中市属国企主导推进的项目包括重庆城投公司对应的城市桥隧项目，重庆交通开投集团对应的城市轨道交通、综合交通枢纽和市郊铁路项目，重庆水务资产公司对应的城市供水项目，重庆高速集团对应的高速公路项目，重庆地产集团对应的土地一级开发整治项目等，总投资 1200 亿元、吸引社会资本超 800 亿元，包括香港地铁、绿地集团、龙湖地产、光大金控等一大批社会优良资本。

通过 PPP 合作，直接或间接化解了一批原计划由政府和国有企业承担的债务，同时通过市场发现价格、标定价值，实现了国有资产的保值增值，也增强了社会资本投资重庆的信心。

此外，重庆国企还积极发挥信用好、资金足、实力强等优势，推动国有企业参与 PPP 合作“走出去”。如重庆三峰环境产业集团有限公司通过多年努力，在累积领先技术和先进运营管理基础上，利用重庆市垃圾焚烧发电 PPP 项目经验总结探索出了成熟的商业模

重庆城市轨道交通

式，并在广东、广西、山东、四川等十余省以 BOT 方式投资建设了 19 个垃圾焚烧发电项目，成为重庆市属国企以 PPP 合作“走出去”的范例。

打造改革“稳定器”，强化改革保障

经济新常态下，国有企业多年形成的“沉疴”逐渐暴露，经营困难和风险不断增多。为应对复杂形势，重庆近期剥离渝富集团的资产和债务重组功能成立渝康公司，着力打造国企改革“稳定器”，扮演改革“清道夫”角色。同时，重庆通过大力推动国资监管机构改革、严控各类风险、加强企业党建，为改革形成强有力的制度保障。

组建渝康公司，打造改革“稳定器”

资产重组和债务重组是化解过剩产能、去除“僵尸企业”、防范金融风险的重要途径。重庆日前通过剥离渝富公司的资产和债务重组业务、成立渝康资产经营管理有限公司，形成了渝富专司资本运营、渝康专司资产管理的“双轮驱动”态势。渝康公司将承担重组重庆金融不良资产、国企不良资产和社会不良资产“三大任务”，通过资产管理方式做“减法”，去除“无效供给”、维护地方经济金融稳定。

（1）发挥重组功能，充当疑难杂症“杀手锏”。

2004 年，渝富公司以 10 亿元资本金起步，先后重组了 300 多亿元银行不良资产，置换储备整治了 5 万多亩土地，让 1000 多家企业起死回生，并为企业环保搬迁提供了 450 亿元周转资金、实施了 200 多亿元战略性股权投资，为重庆推动国企改革、优化金融生态和产业转型升级发挥了突出作用。

截至 2016 年上半年，渝富已发展成为一家净资产 1000 亿元、总资产接近 2000 亿元的多元化股权投资公司，但其债务和资产重组业务占比已下降至 2% 左右。面对供给侧结构性改革“三降一去一补”任务和“以管资本为主加强国资监管”要求，重庆迫切需要增强以市场化手段服务地区经济发展战略的能力，渝康公司应运而生，承接了渝富的债务和资产重组功能。渝康公司初始注册资金 50 亿元，并已与 21 家银行签订综合授信 1600 多亿元的战略合作协议。

根据规划，渝康将致力于通过资产重组和债务重组优化“存量”，去除无效供给，淘汰过剩产能、处理僵尸企业和空壳公司的无效资产，充当祛除疑难杂症的“杀手锏”。

（2）承担“三大任务”，助力国企改革。

在宏观经济下行压力仍然较大、不良资产和不良债务日益加剧的背景下，国家大力支持地方资产管理公司（AMC）发展，全面禁控银行签订“抽屉协议”，给AMC发展创造了良好机遇。渝康公司成立伊始，就被赋予了重组重庆金融不良资产、国企不良资产和社会不良资产“三大任务”，助力供给侧改革和国企改革。

首先，渝康公司将以专业化、市场化手段，打包处置金融和类金融机构不良资产，提升信贷资产质量，帮助企业减轻负担、改善资产负债表，维护经济金融稳定。

其次，渝康公司将充分发挥托底周转和整体运作功能，帮助处置国有僵尸企业、空壳公司及各种无效低效资产，为优质国有资产证券化铺路、为国有资本优化布局奠基；承接整合国有资本投资公司、运营公司和推进国有企业混合所有制改革等剥离的非主业资产、无效低效资产，促进国企降债减负、提质增效和转型升级。

此外，渝康公司还将发挥激发市场活力的“催化剂”作用，综合运用基金、保理、租赁等平台工具，创新收购处置、托管经营、债转股等“组合拳”，化解社会不良资产，延伸综合服务，帮助企业发展壮大。

（3）坚守三条底线，构建三个端口，严防经营风险。

渝康公司定位为专业化、市场化的不良资产收购、运营和处置平台，但绝不是所有不良资产都可以进入的“垃圾收容站”，在经营方面渝康公司将坚守三条底线：

首先，不能当“接盘侠”，必须有审时度势的预判能力，始终围绕“发展战略需要、利于资源优化配置、未来发展前景看好”展开收购，不能“拣到篮子里都是菜”；其次，不能当“老好人”，资产的收购、营运和处置必须按市场化原则进行，不能将国企的问题资产、瑕疵资产简单划转给渝康公司；第三，不能当“慈善家”，必须坚持预期效益为先，有选择地出手。

资产管理是以自有资产为“纽带”撬动银行等资金，再借助资本市场等工具把资产变为可流动和增值的资本，实现资产快进快出和价值形态转换，这就需要把前端的资金融通、中端的资产管理、后端的资本运作三个端口有机衔接起来，形成一个高效安全的运转闭环。

在前端，渝康公司将通过银企合作、基金引导等，建立高额度、长周期、低利率的资金池，做到“手中有粮、心中不慌”；在中端，把握好“多兼并重组，少破产清算”原则，对归集资产拆包筛选、分类分包，实施精细化管理、专业化经营、市场化处置，做到“运筹帷幄、决胜千里”；在后端，要备足定向增发、债转股、资产证券化等工具，做到“陈兵百万、所向披靡”，并形成安全退出通道，加快资产的流转。

严控各类风险，确保企业健康运行

一是严控投资风险。各企业要克服盲目投资冲动，对新的投资项目要科学、严谨论证，不要盲目扩张。特别是境外投资项目，要慎之又慎。二是严控债务风险。各企业要全面排查债务风险，控制债务规模，优化债务结构，降低企业资产负债率，防止“一口气上不来”造成资金链断裂。三是强化金融风险管控。加强银行、担保公司等金融企业的风险管控，控制金融杠杆率；从严加强互联网金融业务的监管；严禁国企开展融资性贸易业务。

重庆能源投资集团通过深入调研，多次论证，针对不同环节可能存在的风险，研究制订了10个实施子方集，分别是："时间节点方案""人员分流安置方案""资产处置方案""资金保障方案""安全风险评估报告""安全工作方案""稳定风险评估报告""稳定工作方案""宣传工作方案""民主程序方案"。通过制订方案，工作程序更加科学规范，为确保企业健康运行奠定了坚实基础。

转变职能，提高国资监管效率

一是加大简政放权力度。市国资委对225件规范性文件进行了持续清理，已将工资总额管理等15项国资国企管理审批、备案权下放给所监管国有企业。目前重庆市国资委正拟定国资监管机构权力清单、责任清单，拟在今年三季度公布。

二是从严加强监管。加强审计、监事会、巡视、纪检等各种监督方式的协调联动，提高监督效能。市国资委有资产审计办公司，依法履行国有资产出资人审计职责，将对企业实行审计全覆盖。各级国资监管机构要定期开展对各业务领域制度执行情况的检查，针对不同时期的重点任务和突出问题不定期开展专项抽查。

从严治党，夯实企业党的建设基础

为推动国企党的建设，重庆市委出台了《关于在推进国有企业改革发展中落实全面从严治党的意见》。重庆市国资委要求，各企业要在分类指导上下功夫，逐级传导责任压力上下功夫；扎实开展"两学一做"学习教育工作，要学深、学透、着力解决问题，着力推动改革，着力促进发展，着力确保稳定；开展党员组织关系集中排查和党费核查督缴工作，截至6月底已排查6054人、找到失联党员3161人，完成党费清缴12180人、补交党费2955万元。

2016 年上半年，重庆市委巡视组对市国资委以及重庆粮食集团、重庆金融后援公司、重庆药品交易所公司、重庆农畜交易所公司 4 户企业进行了巡视，反馈了意见。重庆市国资委要求各被巡视企业要对巡视发现的问题要逐条整改，对移交的问题线索要逐条核查。

为加强党风廉政建设，落实“两个责任”要求，深化作风建设，重庆市国资委和市属企业还在节假日开展明察暗访；对腐败案件零容忍，加大案件查处力度，发现一个坚决查处一个。2016 年 1—6 月，重庆国资国企系统实施“两规”措施 4 人，给予党纪处分 10 人，配合检察机关采取刑事强制措施 8 人。

（撰稿：何宗渝　冯梦园）

［专家点评］

李　锦

中国企业研究院首席研究员，中国企业改革与发展研究会副会长

读重庆国资国企改革经验，增强国企改革信心，利于支撑改革的预期。有三个感觉：一是实实在在的数字，给人强烈的冲击。二是政府在处理加与减、收与放两对矛盾时，很有道道；三是他们抓住了改革的要害，所有权与经营权分离、政企分离、政资分离，企业增强活力、提高效益的改革目的达到了。

数字最有说服力。重庆以 10.6% 的经济增速连续 10 个季度领跑全国，国企利润高，上缴税收同比增 28%，确实不简单。

加与减，是指供给结构改革方面。做加法有方，从“大而全”“小而全”向“专而精”转变、十大战略新兴产业蓬勃开展，创新型国有企业不断涌现；做减法得道，重庆国有企业的“七大任务”有六大任务是为企业“瘦身健体”，钢铁10年产能不变不易，市属企业集团层面几无亏损更不容易。

收与放，是指国企改革方面。加强管控的是所有权，充分放开的是经营权。重庆的“九项改革试点”异彩纷呈，不论是“集团层面的混合所有制”“董事会三项职权”，还是“国有资本运营公司的搭建”，集中到一点，便是充分给予企业经营权。企业有经营权利，就有活力，渝富集团厚重的资产运营试点经验证明了这一基本规律。重庆国资委履行国企出资人职责，所有权和经营权分离，这是抓住了国企改革的根本。

重庆的经验，还有一条是主动摸索、大胆创新，做到“顶层设计与摸着石头过河相结合”。他们在2014年4月出台《关于进一步深化国资国企改革的意见》，提出的优化国有资本布局结构、完善国资监管体制、强化改革保护措施方面，说到做到，效果也好。

6. 中国兵器装备集团公司

军工企业的改革密码

"1 + N" 政策陆续出台，国企改革稳步前行。对于承担国企改革重要使命的央企而言，改革不仅仅意味着落实，还需要根据自身特点进行新的探索。

中国兵器装备集团公司（以下简称"兵装集团"）是中央直接管理的国有重要骨干企业，也是国防科技工业的核心力量。在改革方面，兵装集团可谓是令出即行——第一时间成立全面深化改革领导小组，及7个由集团公司党组成员担任组长的专项改革小组。在制订年度重点工作任务时，兵装集团将改革任务细化分解，明确责任单位和完成期限，并在每季度的经济运行分析会上进行检查、分析和安排，确保各项工作的有效落实。

在改革方向上，兵装集团结合自身军工企业的定位，将供给侧结构性改革、完善现代企业制度、发展混合所有制等作为主攻方向，在增强企业活力、做大做强做优的同时，也为军工企业的改革探索出了宝贵的经验。

成绩是最好的说明。2015 年，兵装集团全年实现营业收入4404.17 亿元，同比增长 3.75%，利润总额 282.44 亿元，同比增长66.53%，位居国防科技工业和央企前列。

发力供给侧

供给侧结构性改革是国企改革的重要内容。作为国企改革“1 + N”文件体系之一的《关于推动中央企业结构调整与重组的指导意见》指出：牢固树立创新、协调、绿色、开放、共享的发展理念，推进供给侧结构性改革。该指导意见还将巩固加强一批、创新发展一批、重组整合一批、清理退出一批作为四项重点工作。

对于供给侧结构性改革，兵装集团有着深刻的认识。中国兵器装备集团公司董事会秘书王进文指出，企业特别是国有企业，是社会有效供给最主要的力量。“供给的结构是否合理，供给是否有效，产能是否过剩，这些企业感受最直接、最深刻，而且主要涉及企业的改革。所以，企业是供给侧结构性改革的主力，也是主体。企业作用发挥得如何，是改革成功的关键”。

在上述认识基础上，兵装集团将供给侧结构性改革作为改革的重点之一，通过实施创新驱动战略，优化产业布局，做强做优做大特种装备、汽车产业，推动国有资本进一步向主业聚焦，实现了一家军工企业的供给侧转身。

强化创新驱动

创新发展一批，是央企结构调整与重组的重要工作，也是向社会提供有效供给的基础。

兵装集团在这方面的表现可圈可点。一个典型的例子是，集团旗下的长安汽车，技术创新能力连续多年位居国内行业首位，而且已经实现从自主品牌向合资企业输出技术和产品。

五十周年国庆阅兵中的自行高炮武器系统

事实上，强调创新驱动，在创新方面大举投入的企业不在少数，但结果往往令人忧喜参半。那么，兵装集团是如何取得创新驱动的实效的呢？

首先与其对创新的深刻认识有关。在这方面，王进文有一番感慨：

“我们在创新驱动方面，一直抓得比较紧，这主要是因为，我们在企业发展过程中，对产品和技术作用的认识比较深刻。我们认为，产品和技术对于工业企业而言是立足的根本。”

因此，兵装集团以市场和需求为导向，确定了创新的方向，制定了创新的规划和路线图，更重要的是长期实施，长期坚持。

其次，兵装集团在创新方面的投入也不遗余力。以集团旗下的长安汽车为例，每年科技研发投入均不低于销售收入的5%，至“十二五”末，已累计投入490亿元。正是在这样的投入之下，兵装集团的创新才有了基础和依托。目前，兵装集团拥有混合动力汽车国家级重点实验室、汽车振动噪声及碰撞安全国家工程实验室，以及11个国家级、23个省级技术中心。

另外，兵装集团还用改革的办法，激发创新的活力。比如，在考核机制方面，将科技投入计入企业的业绩，在分配方面也调整了策略，增加对研发的激励力度。

在上述举措之下，兵装集团的创新驱动取得了实效。“十二五”期间，兵装集团突破近150项关键技术和前沿技术，推出了60多个系列重点新产品，新产品贡献率超过50%，拥有专利13725件，其中发明专利2017件。

推进并购重组

推进供给侧结构性改革，除了要强化创新驱动，发展新供给，还需要通过并购重组的方式，调整产品结构和布局。

《关于推动中央企业结构调整与重组的指导意见》指出，鼓励中央企业围绕发展战略，以获取关键技术、核心资源、知名品牌、市场渠道等为重点，积极开展并购重组，提高产业集中度，推动质量品牌提升。

在这方面，兵装集团有需求，有想法，也有行动。王进文指出，国防改革的推进，对于兵装集团这样的装备提供者也提出了新的要求。因此，必须调整专业领域、发展方向、技术水平，围绕供给侧改革下功夫。为此，兵装集团一方面不断加大内部资源整合力度，另一方面着重优化布局，整合能力。

原建设工业公司是军工企业，军民分立以来发展较好，但规模始终难以做大；原长风公司也属军工企业，发展遇到了资金短缺的瓶颈，生存难以为继。

2014年10月，借军工改革之机，兵装集团做出了整体合并两厂、成立新的建设工业公司的决定。对于此次合并重组，建设工业公司总经理车连夫风趣地用了四个公式来进行说明。

第一个公式是 0 + 0 = 1。不合并的话，两家企业当时都面临发展的难题。两个“0”在一起，则很好地实现了互补。

第二个公式，是 1 + 1 = 1。在合并重组过程中，把两家企业完全“打碎”，重新糅合。对于两家工资体系、文化、干部政策等均存在差异的企业，整合的难度可想而知。车连夫举了个生动的例子：2014 年 10 月两家企业合并后，召开了职工代表大会。按照传统，职代会要合唱歌曲，鼓舞士气，但两家企业各有自己的厂歌，于是，唱谁的歌，成了领导们头疼的问题。最后协商的结果，是一起唱《咱们工人有力量》。

最终，在两家公司的共同努力，及兵装集团的支持下，重组顺利完成，并在制度、文化等方面形成了统一。

第三个公式，是 1 + 1 > 2。两家企业通过资源整合，优势互补，研发实力大幅增强，竞争力呈倍数增长。车连夫将其形容为：“不仅发生了物理变化，还发生了化学反应。”

第四个公式，是 1 + 1 < 2。两家企业在整合过程中，合并了很多同类项，包括采购体系、运作体系，各种体系的认证等等，从而使得成本大幅度降低。

“两家企业合并以后，产品产业结构极大优化，未来，我们将继续努力，将建设工业打造成有规模、有地位、有效益、有未来的四有企业。”车连夫说。

这次合并重组，让兵装集团尝到了甜头，在总结成功经验的基础上，兵装集团又积极推进了特种装备资源整合。同时，还推动军民、军地资源整合，从而持续优化科研生产能力的布局。

清理过剩产能

在推动创新驱动和合并重组的同时，兵装集团还积极响应国家对央企“瘦身健体”的要求，加快清理退出低效无效资产和过剩产能，并不断加大重组力度，积极盘活存量资源，用于支持特种装备、汽车等主业的发展。

推进的力度，显示了兵装集团改革的决心。2016 年上半年，兵装集团累计清理低效无效资产 6 亿元。其中，天威集团破产重整已经被法院受理，正在办理后续事宜。面对摩托车产业产能极大过剩的现状，兵装集团主动退出，通过转业、合并、关停等方式降低产能，把更多资源用到主业上去。

北京睿骋生产线

盘活存量资源方面，哈飞汽车的重组是一个典型的例子。2009 年，在国资委的协调之下，长安汽车对哈飞汽车进行重组。但随着工作的推进，长安汽车发现，哈飞汽车的亏损较大，经营难以为继。为此，长安汽车动员了诸多力量，包括向哈飞汽车输出干部、车型等，但仍难以起死回生。最后，长安汽车通过引进长安福特进行整合，终于改变了哈飞汽车的状况，不仅止住了出血点，提高了国有资本运营效率，还为东北老工业基地的振兴发挥了重要作用。

在僵尸企业处置方面，兵装集团按照国资委要求，完成了僵尸企业及特困企业摸底调查，涉及 45 户企业，1.6 万安置人员，测算人员费用 27.9 亿元，拟申请国有资本经营预算补助 22.3 亿元。

此外，兵装集团还积极推进企业办社会职能和解决历史遗留问题。2016 年上半年，兵装集团实施“三供一业”分离移交 130 项，已完成 10 项，正在推进 43 项，其余 68 项正在协商中；实施棚户区改造 34361 户，总面积约 273 平方米，已完成改造 1504 户，正在改造 21098 户。

通过上述举措，兵装的供给侧结构性改革取得了实效，企业发展也创造了新的佳绩。2016 年上半年，兵装集团累计实现营业收入 2322.94 亿元，同比增长 8.47%；实现利润总额 176.33 亿元，同比增长 8%。

完善现代企业制度

完善现代企业制度，亦是国企改革的重点之一。在当前国企走出去、参与国际市场竞争的背景下，完善现代企业制度也具有更重要的意义。

“要想成为现代企业，不仅是生产管理要用现代的技术和理念，更重要的是要有现代的体制，才能在国际上用相同的企业语言与别人对话。”王进文说。

在完善现代企业制度方面，兵装集团在董事会建设、用人制度和薪酬分配制度等方面都进行了积极的探索。

军工企业如何建董事会

完善现代企业制度，董事会建设是重中之重。国资委对这一工作也十分重视，建设规范董事会的试点企业已达85家。

作为国资委规范央企董事会建设的试点，兵装集团有着自己的探索和创新。根据中央和国资委的要求，董事会外部董事应占多数，但在落实过程中，由于企业特点不同，还涉及具体操作的问题。

董事会是企业最高决策结构，军工业务亦不能游离其外。但军工业务涉及保密问题，而央企的外部董事，大都由退休的中央企业领导担任，他们的工作条件和涉密材料的传递，已经不能满足保密管理的要求。

经过研究，兵装集团采取的做法是：在董事会中设立特种装备委员会，由董事会授权，研究集团军工业务的发展。该委员会由内部董事担任。委员会研究的议题和结果，则向董事会报告。

除了制度创新，兵装集团在董事会建设方面的成果还体现在覆盖率上。目前，兵装集团的董事会制度建设覆盖率已达92.31%。2016年以来，兵装集团制定了《“十三五”期间董事会治理规划》和《子公司职工董事指引》。同时，还建立完善了片区监事会制度，并探索推行总会计师市场化选聘，为企业持续健康发展提供了有力支撑。

用人制度改革

完善现代企业制度，离不开用人制度的改革。《关于深化国有企业改革的指导意见》指出，建立健全以合同管理为核心、以岗位管理为基础的市场化用工制度，真正形成企业各类管理人员能上能下、员工能进能出的合理流动机制。

兵装集团在上述意见的指导下，积极进行了探索，并有自己的创造。比如，在干部的“能上能下”方面，一方面撤除“天花板”，取消初聘年龄限制，另一方面打通“隔离墙”，破除学历职称门槛。在员工“能进能出”方面，则畅通了到龄退休、最高任职年龄退出、问责处理、调整不适宜担任现职领导人员、健康原因调整和违纪违法免职等六种退出渠道。

这些改革措施，兵装集团不仅列在纸面上，还贯彻到行动里。2013—2015 年，兵装集团党组直接管理的领导人员退出 30 人，约占 10%，依法解除劳动合同 1.5 万余人，全员劳动生产率年均增长 29.8%。2016 年上半年，共选拔了 118 名中长期培养对象，完善了领导班子正职后干、副职后干、中长期培养对象等三级后备人才体系。

薪酬制度改革

除了用人制度改革，要想充分发挥国企人才的积极性和创造性，离不开薪酬制度改革。《关于深化国有企业改革的指导意见》指出，实行与社会主义市场经济相适应的企业薪酬分配制度。企业内部的薪酬分配权是企业的法定权利，由企业依法依规自主决定，完善既有激励又有约束、既讲效率又讲公平、既符合企业一般规律又体现国有企业特点的分配机制。

与用人制度改革类似，兵装集团在薪酬制度改革方面，也敢想敢试，结合自身特点进行了积极的探索。在收入“能增能减”方面，兵装集团出台了《全面深化人事用工分配制度改革指导意见》，明确了 15 项改革措施、40 个改革制度目录和 7 项资源保障，构建了按净资产收益率与行业对标、自身改善等综合因素确定绩效等级的制度，不仅深化了人工成本预算管理，还实现了绩效与薪酬的联动。

根据兵装集团制定的企事业单位领导人员2015年各类绩效奖励和2016年基薪方案，60户中36户增长、8户持平、16户下降，平均增幅1%，最高降幅10%，做到了“效益升，薪酬升，效益降，薪酬降”。

兵装集团在完善现代企业制度方面为何如此“用心”？王进文一语道破：“当初成立的时候，我们集团没有别人那么富、实力那么强，所以下的功夫更多。比如，我们的特种产品比例相对较低，因此，我们的市场竞争意识也更强。我们也更重视利用社会资源和市场竞争带给我们的机遇，来不断发展壮大自己。”

[**链接**]

长安汽车的“改革经”

长期以来，由于技术积淀、品牌影响力等因素影响，中国品牌汽车在与外资品牌、合资品牌的竞争中，一直处于相对劣势的地位。然而，兵装集团旗下的长安汽车却可谓是一枝独秀。

2014年，长安品牌汽车累计销量突破1000万辆，成为最大的中国品牌汽车企业。2015年，长安品牌乘用车年产销超过100万辆，是唯一年产销量过百万的中国品牌车企。目前，长安汽车已建立全球12个生产基地，32个整车及发动机工厂，智利、秘鲁等10个海外市场。

“近年来，我们基本都保持了税收增长超过利润增长，利润增长超过销售收入增长，销售收入增长超过销量增长，这说明我们的经营质量发展势头良好。”长安汽车股份有限公司党委书记周治平说。

长安汽车总体销量（单位：万辆）

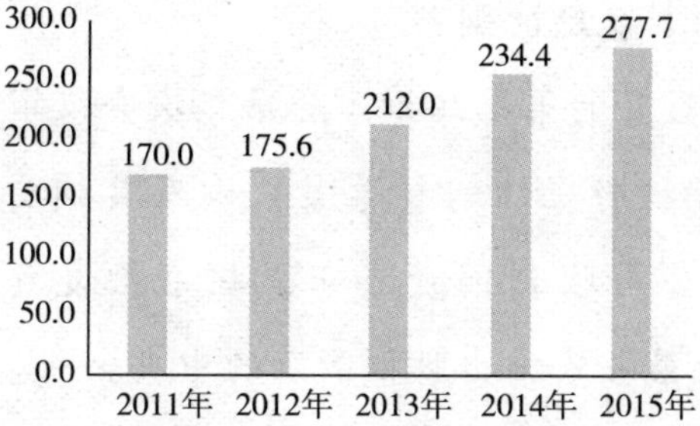

长安汽车研发投入（单位：亿元）

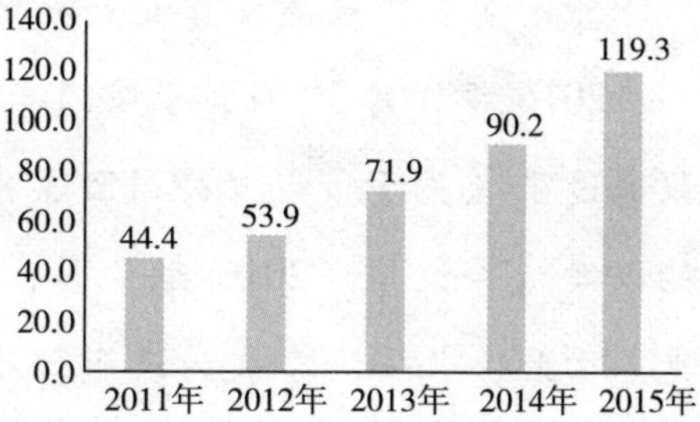

上述成绩的取得，与长安汽车在改革方面的锐意进取是分不开的。2014 年伊始，在新一轮国企改革背景下，长安汽车以中央全面深化改革领导小组和兵装集团全面深化改革攻坚战总体部署为指引，在公司范围内全面启动了深化改革创新工作。

改革过程中，长安汽车坚持“分阶段、分层次、成熟一个改革一个”的工作原则，全面推进了市场化、专业化、国际化、创新化等方面的改革。

优化公司法人治理结构

不断提升公司治理水平，是央企改革的有机组成部分和适应监管的内在要求。在优化公司法人治理结构方面，长安汽车首先是完善董事会专门委员会的建设，具体包括增设薪酬与考核委员会、提名委员会和战略委员会。2016 年 3 月 23 日，长安汽车召开了七届一次董事会，调整了审计委员会委员，新设了薪酬与考核委员会，从而完善了公司的专门委员会的架构。提名委员会、战略委员会的设立则将在 2018 年底前完成。

其次是改组公司董事会，引入外部监督机制，完善内部制衡机制。公司新一届董事会中，独立董事占了 1/2 以上的席位，从而有利于发挥独立董事的专业能力和监督作用，进一步提升公司治理水平。

推动实施股权激励建立长效约束激励机制

2016年3月30日，长安汽车召开的第七届董事会第二次会议审议通过了《关于审议<公司股票期权激励计划（草案）>及其摘要的议案》等议案。2016年7月，公司收到国资委正式核准批复意见。由此，长安汽车成为汽车行业第一家推出股权激励的中央企业。

下一阶段，长安汽车将根据国资委最新批复意见，修订股权激励草案内容，并召开董事会、股东大会进行审议，审议表决通过后，报证券交易所和国资委备案，股权激励将正式进入实施阶段。

创新人才培养模式

长安汽车以“内培外引”的人才战略，对外不断引进世界级的技术专家、对内精心打造世界级的人才发展平台，通过政策、制度、文化持续引导各类人才专业专注的“匠人精神”，鼓励员工在专业道路上不断创新实践，将员工个人专业发展和长安汽车事业愿景紧密结合。具体做法有以下三方面：

一是建设技能大师工作室。为创新高技能人才培养模式、充分发挥技能大师的技能领军作用，长安汽车先后打造了5个技能大师工作室，其中国家级2个、重庆市级1个、公司级2个。通过实训培养，促进高技能人才培养与技术技能攻关的融合，实现了公司经济效益和高技能队伍建设提升。

二是畅通领军人才培养通道。长安汽车在技术、技能领域实施领军人才的选拔和培养，建立了层层发展的领军人才梯队。目前，已有10位技能领军人才享受公司班子副职、集团公司津贴待遇。

三是创新引进世界级技术专家。长安汽车采取以才引才、以才荐才和柔性引才等形式，定期发布人才需求信息，开展海外专场招聘，建立了海外人才巡访制度。同时，打破了公司内部薪酬体系，为海外高层次人才提供优厚的薪酬待遇，以及试验室、住房、轿车等，并搭建工作团队，配备助手，创造良好的工作生活条件。

目前，长安汽车已成功引进高级专家 400 余人，外籍人才 300 余人，其中 13 人入选国家“千人计划”，在国内汽车行业排名第一。遍布整车、动力、新能源、工艺、管理等领域，有效填补了紧缺技术领域的人才空白。

此外，长安汽车还坚持把每一位人才作为一颗“种子”，充分赋予其“传帮带”职责，大力培养后阶人才。目前，公司已形成 10000 余人的核心研发队伍，一大批人才开始在汽车研发领域崭露头角。

深化劳动、人事、分配三项制度改革，激发内生动力

首先是建立并实施中干人岗匹配机制。长安汽车搭建了科学的中干配置体系，开展中干定编工作，保证中干资源有效利用。同时，深入业务，基于业务拟定年度中干配置计划，并实施人岗匹配，根据中干年度调整计划，以人才盘点为依托，保证优势资源的合理配置。2016 年上半年，长安汽车新提 22 人、退出 33 人，使中干人岗匹配更加合理。

其次是健全人才发展梯队。2015 年，长安汽车有效开展了处级后备中干述能模式，对标准和流程进行优化，逐步形成了长安汽车体系化的人才盘点项目。2016 年 6 月开始，长安汽车在全公司范围内开展处级中干盘点工作，围绕管理自我、管理业务、管理团队三个方面，深入剖析每个人的优劣势，将结果一对一反馈给个人，并制定针对性的提升培养计划。

第三是不断创新员工合理流动的管理机制。在精准配置人员方面，长安汽车构建了人力资源配置分析模型，精益人员需求，并建立WBS模型和生产配置模型，以业务需求和工作量分析判定内部人才富余和空缺情况。

打破人才流动壁垒方面，长安汽车实现了跨区域、跨单位、跨工种的人力资源调配，持续优化公司外部借用、内部借用、内部调动、内部招聘等内部调配管理标准，并规范股份公司及其分子公司之间人员流动管理，树立了“大人力资源”的理念，由公司统一调配使用。

同时，长安汽车加强人员的多能力培养，提高人员的综合使用效率。2016年上半年，长安汽车实施人力资源平准配置1532人次，招聘劳务工165人，招聘短期工855人，引进顶岗实习生505人，在满足生产保供的同时，还减少了人工成本支出。

在建立员工合理退出机制方面，长安汽车的做法包括：能力与业绩不符合岗位要求、违纪员工、老龄员工的退出机制，实现不能胜任员工的退出。2015年至今，公司与109名不胜任岗位要求的员工解除了劳动合同；通过实施“18+10”禁令及《重庆长安汽车员工奖惩规定》，主动退出违纪员工。2015年至今，公司与282名违纪员工解除了劳动合同。此外，长安汽车还对生产一线的老龄员工进行退出与安置，采取内部转岗安置、劳务外借安置、鼓励自谋出路、鼓励申请病退或特退等方式，2015年至今病退和特退人员共44名。

第四是员工收入能增能减。长安汽车进行了分配体系优化，建立了“薪酬”“荣誉”“福利”的差异化激励体系，将薪酬分配与企业的经济效益和劳动效率、员工的岗位价值、能力、业绩相关联。

通过上述举措，长安汽车实现了员工收入随着岗位调整、职级调整和绩效调整进行增减，年度业绩奖、弹性福利等与公司关键经营指标相挂钩的年度激励机制，及聚焦公司整体业绩目标达成，建立收入能增能降的薪酬调节机制。

此外，长安汽车还实施了“一岗一策”差异化的激励体系。例如对销售人员，实行“一岗一策”“一地一策”“一品一策”“一人一策”，实行大激励大约束政策，每季度强制排序“红黑榜”，红榜人员大激励，黑榜人员降低收入，连续三个月黑榜调离岗位。2016年，长安汽车还针对一线工人探索实施推行计时工资制。

创新改革在路上

目前，长安汽车已将节能和智能化作为重要的发展方向。在新能源汽车方面，长安汽车已累计推出12款产品，销售1.8万辆。在智能化方面，2016年4月，长安汽车完成了从重庆到北京2000公里的无人驾驶测试。“这不仅是中国汽车产业的一件大事，在国际汽车产业也引起了相当大的轰动。”长安汽车股份有限公司总裁朱华荣说。

对于发展的路线图，长安汽车已了然于胸。朱华荣表示，长安汽车将抓住未来10年的关键战略期，到2017年，产销汽车333万辆，其中自主品牌179万辆，进入全球前13名。到2025年，产销突破600万辆，自主品牌340万辆，进入全球前十名。未来，长安汽车将继续以创新作为动力，以改革增强活力，向更高的发展目标迈进。

探索混合所有制经济

作为军工企业，兵装集团还积极探索混合所有制改革。

以兵装集团旗下的建设工业公司为例。分立之后，建设工业公司成为纯粹的国有企业，经济成分单一，且民品长期亏损，内部活力不足。为了改变这样的局面，公司和集团积极创新经营机制，探索发展混合所有制经济。

首先是开展合资合作。为了改变民品长期以来的产品低端和严重亏损的局面，2013 年，建设工业与美国耐世特成立合资公司——重庆耐世特转向系统有限公司。如今，该公司已成功获取长安 P3 平台项目，成为长安系统的主要配套商，同时，还拓展了其他企业的配套资源，预计 2016 年实现销售收入 3 亿元，且已拿到 2018 年订单 10 亿元，2020 年销售收入将突破 20 亿元。公司转向产品也成功实现了由低端微车向中高端轿车配套的升级。

其次是发挥合资效应。合资合作为公司民品发展带来了生机。公司利用耐世特合资公司的技术优势、品牌溢价和管理积淀，打造了自有民品的产业链。产品方面，以耐世特为依托，带动了传动、转向、制动全面升级；管理方面，以合资企业作为学习标杆，提升了民品的盈利能力、竞争能力，构建了自有民品系列的核心竞争力。2016 年上半年，公司的民品实现营业收入 3.3 亿元，利润 2500 万元，扭转了亏损局面，发展的活力也进一步增强。

第三是引入了专业的管理团队。为了发展新产业，2012 年，建设工业成立民用枪厂，外聘专业经营团队，带来了玩具枪技术和外贸渠道。民用枪厂既有国有企业的规范管理，又有民营企业的灵活机制，而玩具枪产品则实现了从无到有的突破，2015 年实现销售收入 2700 万元，目前，正在进行合资谈判和资本合作。

通过探索混合所有制经济，兵装集团还为深化改革提供了经验。比如，制订了军工企业混合所有制改革试点初步方案，确定了 4 家试点企业，再如，在上市公司长安汽车中推行中高管持股试点，从而为下一步推行股权激励和核心员工持股积累了经验。

推进改革，不忘监督

在推进改革的同时，兵装集团还按照中央相关政策的部署，强化对国有资产的监督，并加强党的领导和党的建设，从而使得改革的推进更稳妥有序。

在强化国有资产监管方面，兵装集团首先是加强内部监督体系建设，完善“三重一大”决策制度体系，形成了60条目录清单。同时，健全完善法律审查制度，明确了重要投资、资产处置、并购重组、改制上市等12个重大经营决策业务类型。

其次是加大监督检查力度，加强重点领域和关键岗位监督，统筹纪检、监察、审计、法律等监督力量形成合力，实现对重要领域审计监督全覆盖。兵装集团开展了企事业单位重大投资和重点科研项目跟踪审计，严防滥用职权、违规操作、以权谋私、利益输送等问题发生。兵装集团还不折不扣落实中央巡视整改要求，全面开展内部巡视，2016年以来，已先后派出3个巡视组赴6家企业开展巡视。

三是大力推动重大信息公开，依法合规、及时准确披露公司治理、管理架构、经营情况、财务状况等信息。同时，兵装集团还督促上市公司严格遵守证监会有关规定，真实、准确、完整、及时披露信息，并主动接受社会监督，建立畅通的社会公众监督渠道，及时回应社会舆论对集团公司国有资产运营的重大关切。

在加强党的领导和党的建设方面，集团公司严格落实党要管党、从严治党要求，首先是以巡视整改固化为抓手，进一步完善了党建工作责任制，牢固树立了“抓好党建是本职，不抓党建是失职，抓不好党建是渎职”的理念。同时，强化“一岗双责”和“两个责任”落实，建立了科学简便易行的党建工作考核评价机制。

其次是扎实开展“两学一做”教育活动，认真进行动员部署，举办了党务骨干培训班，制定了党组、党委、党支部三个层级的任务清单，并对学习情况和效果进行了督导检查。兵装集团还开展了“两优一先”表彰活动，进一步推动党组织发挥好战斗堡垒作用、党员发挥好先锋模范作用。

最后是按照中央和上级机关要求，进一步加强了党建工作，健全完善了党群工作部的机构和职能，处室由 3 个增至 4 个，人员编制由 9 人增至 18 人。同时，在纪检监察部增设了信访案件管理处，增加编制 2 人。

（撰稿：原诗萌）

[专家点评]

刘文波
罗兰贝格管理咨询全球高级合伙人

从 2015 年和 2016 年上半年的企业经营数据来看，兵装集团的表现还是不错的。能取得这样的成绩，一个重要的因素就是兵装集团坚持了创新驱动。长安汽车每年研发的投入占营收的5%，而不是利润的5%，而且多年以来都是如此，这还是很难能可贵的。整个兵装集团，正是因为坚持创新驱动，重视研发，使得产品在市场上有竞争力，才使得其收入和盈利都有所增长。

在董事会建设方面，兵装集团一方面有保密的要求，另一方面又要尊重董事会的决策地位，所以选择了在董事会中成立由内部董事担任委员的特种装备委员会。这个确实是比较新鲜的做法，体现了军工企业的特点和兵装集团的探索能力。

用人制度改革方面，领导“能上能下”，这个其实很多企业都在提，根据我的理解，就是根据业绩和能力，来决定领导的提拔和降级。但是真正操作起来，往往会有很多顾虑，执行也打了折扣。而2013—2015年，兵装集团党组直接管理的领导人员退出了30人，约占10%。说明兵装集团在用人制度的改革方面，执行得还是很彻底的。

员工的“能进能出”方面，一般而言，到龄退休比较容易实现，但其他退出渠道的建立和发挥作用，则并不那么容易。兵装集团不仅建立了六个退出渠道，执行的力度也是不错的，从而提高了企业的劳动效率，并有利于人才的培养。

薪酬分配制度方面，像长安汽车这样的企业，能够直面当前汽车行业竞争激烈的问题，打破国有企业的薪酬体系，与行业对标，这就真正做到了按市场规律办事，并可以极大激发人才的积极性和创造性。

另外，在供给侧结构性改革方面，我们看到，兵装集团推进了两家企业的合并及其他的一些重组事宜，但是，似乎并不是通过国有资本投资运营公司的方式来施行的。如果有这样一个投资运营平台，就可以帮助企业更好地发展混合所有制经济，进行行业整合，吸引更多的专业人才，从而进一步加快企业的改革。不过我看到，兵装集团已将国有资本投资运营作为改革的7个重点领域之一，相信未来兵装集团在这方面会继续进一步加大力度，大有作为。

7. 国家开发投资公司

有进有退有收有放，资本公司渐已成型

党的十八大以来，组建国有资本投资运营公司被视为新一轮国企改革的核心问题之一。国务院国资委和各省市均在这方面进行了深入探索。

2014 年 7 月，国家开发投资公司（以下简称“国投”）被国务院国资委确定为国有资本投资公司改革试点。

作为较早涉足投资领域的央企，国投堪称是改革的产物。国投董事长王会生表示，“改革创新是企业发展的生命线”，没有改革，国投就不可能发展得这么快；没有过去 20 年坚持不懈的改革创新，国投就不可能取得今天的发展成就。

依靠不断的改革和创新，国投逐步建立了一整套投资控股公司发展的总体思路、战略布局、经营模式和管控体系，实现了规模扩张与效益增长的良性循环。2003 年到 2015 年底，公司资产增长 6 倍多，接近 5000 亿元；主营收入增长了近 11 倍，达到 1042 亿元；利润总额年均增长 27%，达到 165 亿元。公司连续 12 年荣获国资委业绩考核 A 级，连续四个任期成为“业绩优秀企业”。

肩负起新的改革创新任务之后，国投积极探索，成效突出。

王会生提出，要以问题为导向，以形成市场化发展运行机制为核心，“通过试点，探索回答国有资本投资公司的功能定位、体制机制和运营模式等重大问题”。

国投党组副书记、副总裁施洪祥介绍说，目前国投的改革试点工作已取得阶段性成果。一是主要业务向“命脉”和“民生”领域集中，以基金投资引领的战略性新兴产业加快发展；二是分类授权改革取得成效，激发了子公司的活力和发展动力；三是瘦身健体，重塑职能，“小总部、大产业”初步形成。

据统计，2016年以来，已有25家央企和地方国企到国投调研学习，国投还应邀参加了8次全国性的改革经验交流会，“试点”经验已经得到初步推广。

继续优化产业结构，更好服务国家战略

“能干什么，不能干什么，是国有资本投资公司改革试点必须回答的重大问题”，成为国有资本投资公司试点后，王会生为首的国投管理层提出，产业方向是投资公司必须要考虑的内容。

事实上，自1995年国投成立以来，始终在根据时代的需求，不断优化产业结构。

2003年国资委成立后，国投被确定为当时央企中唯一的也是中国最大的国家投资控股公司。此后，国投发挥了“国民经济灵活双手”的独特作用，通过阶段性持股，在循环往复的股权流动中实现资本的优化配置。

据统计，在2012年之前，国投75%以上的投资分布在中西部地区；涉足煤炭、页岩气、水电资源开发利用，布局原油储运、煤炭码头，优化了国家的能源产业结构；服务国家“三农”战略，罗布泊钾肥项目有效改善了硫酸钾肥严重依赖进口的局面。

遭遇天花板

然而，随着我国经济发展步入新常态时期，国投之前布局的多项业务遇到了发展瓶颈。

比如煤炭，煤炭开采是国投“煤电港运”业务链条中重要的一环。国投先后在安徽、山西、新疆、河南、陕西、内蒙古等区域投资开发煤炭资源，国投新集的现代化开采和国投大同的班组管理等在行业内拥有较大影响力。然而，随着煤炭行业的发展遇冷，国投的煤炭业务也不可避免地遇到了困难。

再比如，国投是央企中最大的公共散货码头运营商，仅其中的曹妃甸港口年煤炭下水能力就达到一亿吨。然而，目前国内港口竞争激烈，发展空间日渐逼仄。

对此，施洪祥概括称，总体来说，国投的业务布局偏重于国内，资产结构偏重于传统实业，前瞻性战略性产业发展不足。

“‘二次创业’初期，国投种什么长什么，抢啥项目都挣钱。”国投董事庄来佑表示，现在都不知道投什么。“再抢电厂？再抢煤矿？再抢港口？有的抢不来，有的抢来也不一定挣钱。”

在央企中，国投的上述遭遇仅仅是一个缩影。大批央企都面临着类似的挑战，有的情况甚至比较严重。

对此，十八届三中全会决定提出，国有资本投资运营要服务于国家战略目标，更多投向关系国家安全、国民经济命脉的重要行业和关键领域。

王会生表示，国投将进一步退出不符合国家战略的领域。具体的退出方式，包括资本市场、产权市场择机转让、增值退出，从而将回收的资金更多投向符合国家战略的产业。

王会生认为，符合国家战略的领域包括两大类，即“命脉”和“民生”领域。所谓命脉领域，包括国防安全、信息安全、网络安全、粮食安全等，这些是党执政的重要基础；所谓民生领域，包括养老产业、扶贫开发、环境产业等。

为此，国投以成为改革试点为契机，通过产业整合、收购兼并、资本运作等方式，梳理调整现有业务，重点发展基础产业、前瞻性战略性产业、金融及服务业和国际业务，推动国有资本向“命脉”和“民生”领域集中，提升服务国家战略的能力。

优化基础产业结构

作为国民经济灵活的双手，国投一直坚持“有进有退、有所为有所不为”的原则，不断调整优化业务结构，提高资源配置效率。国投至今已累计退出项目 1736 个，将回收的资金 261 亿元投向国家需要重点发展的行业和区域。

针对目前的产业形势，国投对原有产业进行了新一轮的优化布局。

仍以煤炭产业为例，结合国资委优化整合涉煤中央企业煤炭资源的总体安排，国投提出，将通过优化生产、基建布局和关停缓等措施，未来逐步退出煤炭领域。

8 月份，国投已经和中煤集团签订煤炭资产移交协议。由于煤炭板块长时期是国投的营收、利润乃至文化的重要组成部分，所以在国投内部引发了很大的震动。王会生在内部会议上说：“你看嫁女儿的婚礼上，当爹的都直哭。谁都知道，再不舍得，也要迈出这一步。”

在电力业务方面，国投一方面重点发展水电、风电、光伏等清洁能源，一方面提出，停止布局在建项目以外新的火电项目。

国投调整了新能源的发展重心，国内是由东部向西部转移，同时加快了进军海外市场的步伐。

同时，国投不断深化改革，探索转型升级，利用一带一路的战略机遇，积极稳妥发展国际业务，不断加快“走出去”步伐。

2016年5月20日、31日，国投电力控股股份有限公司（以下简称“国投电力”）分别在英国伦敦和新加坡与西班牙雷普索尔公司（Repsol S. A.）、马来西亚云顶集团进行股权交割，完成英国海上风电项目、印尼万丹火电项目收购，实现了国投电力海外投资零的突破。其中，万丹火电投资规模达到10亿美元，英国海上风电的收购代价为1.85亿英镑。

2016年8月27日，国投印尼水泥项目一期日产3200吨熟料生产线正式点火投产。该项目由国投与安徽海螺水泥股份有限公司合资建设，并由国投控股。这种由投资公司与产业公司联合出海的模式，开创了中国企业海外投资合作的新时代。

未来五年，国投将立足“一带一路”国家战略，重点开展境外直接投资、国际工程承包、国际贸易等国际业务，并依托自身业务发展要求，积极开展境外直接投资业务，拓展公司发展空间，提高公司国际化水平。

加快前瞻性战略性产业布局

国投对新兴产业的重视由来已久。

2011年，国投董事会提出“六个转变”，其中要求公司经营要从传统产业向新兴产业转变。

2015年，国投出台《国家开发投资公司试点改革总体方案》，将前瞻性战略性产业作为公司转型升级、创新发展的重点和四大战略业务单元之一。

2016年7月通过的《国家开发投资公司“十三五”发展规划》把前瞻性战略性产业作为公司“十三五”期间转型升级、创新发展的主要抓手。

按照国家需要，民生所需的原则，国投加快了如下领域的布局：

先进制造业：国投发起设立国家先进制造产业投资基金，首期规模200亿元，重点投资轨道交通装备、工业机器人、新能源汽车等领域，服务“中国制造2025”国家战略的实施。

海水淡化：为保障京津水资源有效供给，积极推进海水淡化产业发展，天津北疆电厂一期日产20万吨海水淡化项目已投产，淡化水已进入市政管网，二期在建的30万吨海水淡化项目投产后，将形成日产50万吨淡化水产能。

国投1000T/D海水淡化试验装置

大健康产业：2014年，国投惠康投资有限公司组建，2015年成立社会事业投资部，涉足大健康产业，目前与国际知名养老机构合作，投资建设国投大厦养老项目与广州养老项目，致力于打造国投养老产业品牌，推动建立中国养老产业标准。

城市环保产业：国投与合肥市政府合作发展报废汽车综合利用项目，逐步实现合肥市与周边城市报废汽车回收拆解及其综合利用。未来，将主要探索发展环保新材料、污水处理、固废、垃圾处理、环保监测仪器、环保设备等细分行业。

大数据与“互联网 +”：2015 年，国投成立大数据与“互联网 +”专项工作小组，深入研究相关业务发展方向与发展模式。未来将积极发展大数据、云计算、“互联网 +”、物联网等细分应用行业。

生物质能源：引进海外高层次人才、国家第七批“千人计划”专家、国家特聘专家胡强教授，设立国投微藻生物科技中心，与中科院水生所等机构开展合作推进微藻能源基础科研工作；积极发展燃料乙醇产业。

重视基金工具的运用

作为国有资本投资公司试点，国投十分重视投资手段的创新和多元化。尤其是在布局前瞻性战略性产业的过程中，国投分别使用绿地投资、并购重组等方式。其中，基金工具的应用最为普遍。

施洪祥表示，国投从 20 多年前就涉足基金领域，在实践中对此有了深刻的认识。他说，基金有助于国投发挥国有资本引导带动作用、提高国有资本的配置和运行效率、推进结构调整、实施混合所有制改革。

对此，王会生有着清醒的认识。他说，投资公司的产业链不应该是行业上下游的概念，“应该是一个企业从生到死的全生命周期”。

按照这一理念，国投的基金涵盖了从传统产业到前瞻性战略性新兴产业，从产业到技术，从控股到参股，从绿地到重组，从孵化到转让等各个阶段、领域。

王会生提出，“在这种全周期中，重组整合能力、资本配置能力才是资本投资公司所要具备的核心能力。”

为此，从2009年开始，国投不断加大对基金工具的使用力度。“凡是不具备控股条件的，就锁定行业前十的企业，以基金的形式进行投资”。

如今，国投下属基金公司包括国投创新、国投创益、国投创业、国投创合、海峡汇富等不同类别，共管理基金42只。截至2016年6月，基金管理规模达到1259亿元、直投规模达到89亿元，是央企中股权基金管理规模最大、吸引社会资本最多、管理社保基金最多的股权投资机构之一。

按照定位，各基金管理公司和控股企业是板块的利润中心，负责执行总部战略和平台规划，实现经营管理目标。其中，国投创业主要从事前瞻性战略性产业的VC业务，国投创新主要从事前瞻性战略性产业的PE业务，国投创合主要从事前瞻性战略性产业的FOF业务，国投创益主要从事政策性专项基金业务，海峡汇富主要从事海西地区的股权基金和资管基金业务。

具体到基金层面，相应的分工更为细致。

比如，国投先进制造产业投资基金，对于贯彻“中国制造2025”，增强制造业核心竞争力，将发挥积极促进作用；

设立的国投科技成果转化创投基金，将主要投资于10个民口的国家科技重大专项项目；

管理的国家新兴产业创投计划，参股创投母基金和即将完成设立的国家新兴产业创投引导母基金，发挥着贯彻“大众创业、万众创新”战略的政策导向作用；

设立的国投水环境基金，用于缓解北京市污水处理基础设施建设的资金瓶颈，成为央企与地方政府合作开展PPP模式的范例；

与财政部、烟草总公司发起设立了贫困地区产业发展基金，基金规模28亿元，专门用于支持全国14个集中连片特殊困难地区的产业脱贫；

正牵头筹备的中央企业贫困地区产业投资基金，将使国投代表中央企业在更大的范围、更高的层面，履行央企社会责任，为全面建成小康社会贡献力量。

应该说，在国投正在着力布局的前瞻性战略性产业中，基金扮演了探路者和孵化器的角色。

不过，王会生承认，国投尽管在基金领域取得了不小的成就，但是仍有待提升。比如，现在国投的基金投资项目，更习惯控股，而非参股。“只会教育儿子不会教育外甥”。

[**链接**]

运用基金工具的体会

多年的实践，国投在运用基金工具方面积累了一定的经验。比如：要把国家战略与企业自身发展紧密结合起来，关键时刻先人一步；要积极借鉴市场化运作模式，发挥国有资本的引导带动作用；给予基金足够的重视，将其定位于实现国投转型升级的重要抓手。从股权基金的设立、募资、投资、管理和退出等全过程，都提供全方位支持；从人员调配、机构设置、市场化用人、薪酬及激励设计、业绩考核等方面，都体现了市场化、专业化、差异化、精细化的管理特色。

具体操作方式上，国投总结了如下经验：

一是根据控股项目开发特点，采取总部投资、平台直投、基金投资的组合投资方式。

二是并购细分行业的领先和潜质良好的企业，使之成为国投未来的产业支柱和重要利润源。

三是细化并购投资企业的战略性目标和财务性指标，明确控股开发的具体要求，优化控股企业、参股企业的投资组合，做到宜参则参、宜控则控、先参后控。

管好国有资本，放活投资企业

与之前的国企改革相比，新一轮国企改革的一个重要特点在于，要实现从“管资产”向“管资本为主”转变。无论是国有资产监管机构，还是企业，都要适应这样一个转变。

对此，施洪祥表示，要做到“管资本为主”，国投现行的管控体系还有些不适应之处，具体表现在：决策权过多集中在总部，责任边界不清，子公司活力不足；某些管理职能延伸到三级以下企业，管得过多过细，存在“越位”“缺位”现象；同体监督偏软、问责不到位等。

对此，王会生提出，作为国有资本投资公司试点企业，国投在探索投资方向的同时，要勇于突破传统的发展模式、管理模式，建立适应市场、激发活力、管理有效、监督到位的体制机制。

分类授权

国投现有14个子公司，分布在能源、交通、高科技投资、金融、环保、贸易等领域。各板块之间业务不同、市场化程度不同、管理要素不同，很难适用一个管控体系。国投将子公司划分为充分授权、部分授权、优化管理三类。

官地水电站大坝

“各方面条件比较成熟的，就会列入充分授权之类。”施洪祥说。

所谓充分授权，就是将《公司法》规定的各项权利，除体现股东权利及责任、有外部监管要求和需要加强的事项外，应放全放，能放则放。包括将人力资源管理、薪酬激励、部分融资管理等依法应由企业自主经营决策的事项归位于国投电力；将投资、部分产权管理和重大事项决策等部分出资人权利，授权国投电力董事会行使；将延伸到三级及以下控股投资企业的管理事项，原则上交由国投电力依法依规决策。通过授权改革，将原来由总部决策的70个事项授权国投电力董事会。

提高效率

国投电力原总经理、现国投特别顾问黄昭沪表示，充分授权既有压力，又带来了很大的便利。“之前决策权在公司总部，我们只做执行就好。现在有权就要担责，压力变得很大。”他同时提到，以前重大决策要走报批程序，有时一个流程就得走一个月。“现在召集董事们开会，基本随叫随到，决策效率明显提高。”

以投资为例，目前240亿元以下的投资，均由国投电力负责。英国风电和印尼火电项目，就是由于授权后决策效率提高，而在短期内完成收购的。“之前准备了3年多，机遇一到，马力全开，很快拿下。”黄昭沪说。

授权试点一年来，国投对国投电力的实践总结为：主动发展的活力增强，决策更加科学高效；海外业务取得突破；结构调整成效显著；管理的责任更加到位；对总部的依赖意识减弱，主动担当意识增强。

继续深化

国投在积极总结国投电力授权试点改革的经验的基础上，从2016年8月1日起，向国投高新授予相应的权利，并积极扩大改革的广度和深度。

比如，国投电力董事会已经与6位职业经理人签订了聘用合同、绩效合约，同时明确了薪酬管理办法、绩效考核办法。选聘的职业经理人实行任期制，3年为一个任期，聘期届满可续聘或自然解除聘任关系，同时，按市场化原则确定薪酬，经营业绩和薪酬水平与市场对标。年底前，职业经理人的人事档案就要全部转到人才交流中心。

此次聘用合同签订，标志着国投职业经理人改革迈出了坚实的一步，从体制上解决了董事会和经理层“同纸任命”的问题，有利于进一步确立子公司的市场主体地位，实现职业经理人契约化、市场化、职业化，将进一步健全公司治理结构，有效激发发展动力

国投有关部门负责人提出，目前正在跟有关部门积极沟通，希望将工资总额的管理权限也进行下放，进一步提高二级公司的市场活力，“希望争取到这样的政策，即建立工资随效益增减的原则”。

黄昭沪也表示，目前试点中遇到的最大障碍，是激励手段仍嫌不足，“不然大家改革的积极性会更加高涨”。

在国投，三级公司的灵活性相对更强，因为基本都是混合所有制企业，均已建立了现代企业制度。“未来会进一步提高这些企业的运作规范性。”施洪祥说。

[**链接**]

分类授权的具体操作方式

国投采取“试点先行、一企一策”的方式，稳妥推进子公司授权试点改革，真正实现价值管理上移，产业经营下沉，确立子公司独立市场主体地位，增强子公司市场竞争力和发展活力。

在分类授权改革中，国投根据不同业务板块的特点，按照“一企一策”的原则，充分体现差异性。

设计子公司评价指标体系

评价体系选取外部条件、公司治理、人才队伍建设和企业竞争力 4 个维度的 14 个指标，并根据各评价指标和企业市场化运营的关联度明确分值权重，由 8 个主要的职能部门结合自身管理职责对各子公司打分，进行量化评价。

选取代表性的子公司。立足于国资委复函中明确的"基础产业""前瞻性战略性产业""金融业"三个领域，结合子公司评价打分情况，将子公司分为三类：A类公司进行充分授权，B类公司进行部分授权，C类公司进行优化管理。

分阶段开展授权改革

A类公司经营业绩优良、外部监管到位，内部管理相对规范，从中选择1~2家开展专项试点工作；针对B类公司的不同情况，给予部分授权，推动其建立独立市场主体地位，提升内部管理水平；对于C类公司，明确该类公司的定位和发展方向，调整结构，加强管理，激发企业活力，提升企业竞争力。

做实授权试点企业董事

子公司董事会能否有效运转，很大程度上决定着公司管理的规范性和有效性，决定着资本纽带能否充分发挥作用。

在授权改革中，国投把做实子公司董事会作为授权改革的重要保障：总部派出董事由兼职改为专职；由总部代行决策改为独立决策；董事对决策终身负责。

为此，公司制定了《子公司董事管理暂行办法》，清晰界定股权董事的任职资格、工作职责、履职程序和考核办法，形成由股权董事、独立董事、内部董事组成的董事会。制订了《董事库建设方案》，从总部、子公司的高中级管理人员及控股投资企业的负责人中选拔专业人才进入，培养、打造一支素质优良、经验丰富、职业化程度高的股权董事队伍。股权董事主动了解企业日常生产经营决策信息，对企业管理情况、潜在风险和对策进行评价；根据自身专业知识进行判断，在决策中独立表达意见，并将掌握到的情况及时告知公司相关职能部门。

授权内容有收有放

按照《公司法》的相关规定，该管的绝不缺位，不该管的依法放权。对于股东法定权利、履行国有企业社会责任以及政府部门有明确监管要求的决策事项，保留审批权限；出于加强战略管控和财务管控需要，对子公司章程管理、基本制度建设、直接融资、资金集中等事项，强化审核，加大监督力度。

加强组织领导

为确保授权管理改革"授得下，接得住，行得稳"，国投加强对授权管理改革的组织领导。定期召开公司党组、改革领导小组联席会，研究改革重大事项，同时，明确一名党组成员负责统筹推进授权管理改革。在试点对象的选择、试点内容的确定上，做好前期调研，充分听取公司上下和外部专家的意见。

"小总部、大产业"初步形成

火车跑得快，全靠车头带。总部作为国投战略发展方向的把控者、价值管理的实施者，自身能否瘦身健体、轻装上阵，是改革试点能否顺利推进的关键。

主动改革

总部是什么？王会生认为，总部是决策中心，是司令部，是火车头，也应该是改革的先锋。

改革意味着利益重新分配。不可避免地要触动一些人的蛋糕。对此，王会生说，自己也曾思考过，压力这么大，是不是有必要搞总部改革？

思考的结果是，必须坚定不移地推行总部改革！

王会生多次在内部会议上提出，如果总部不改革，改革就是不全面的，甚至会半途而废。至少，公司的管控模式就不会有深层次的创新，子公司的市场主体地位、做实子公司董事会就是一句空话，授权经营的效果就要大打折扣。

王会生说："如果总部不改，坚持几年行不行？我想，四五年之内可以，但是从长远发展来看，从改革的完整性、配套性来看，总部必须改，越早改越主动。"

为此，国投专门召开国有资本投资公司试点总部职能重塑优化专家研讨会，听取中央有关部委、国际知名咨询机构和各方面专家的意见。

再造总部

综合各方意见，国投根据国有资本投资公司的功能和定位，提出"重心下沉、激发活力、重组整合、重塑职能"的改革思路，确立了"小总部、大产业"的改革目标。着力解决总部职能管理存在越位、缺位、不到位，决策审批过多集中在总部，职能存在交叉，关联职能衔接不紧密，管服并存等问题。

王会生提出，不能把总部职能优化重塑简单地理解为机构改革，更不是精简机构、压缩人员，而是通过梳理总部的职能，该设多少岗位就设多少岗位，该成立多少机构就成立多少机构。"所以，不存在撤销哪些部门、保留哪些部门的说法，而是按照新的职能重新设立总部机构"。

2016 年 7 月 14 日，国投进行了较大范围的轮岗。涉及 12 家单位、18 名正职高管，包括 4 位总师总助级领导，范围较广、力度较大、人数较多，为总部机构职能调整和机构改革奠定了较好的基础，将对国投人事制度改革和干部管理等各项工作带来深远影响。

8 月 23 日，国投进一步印发了《国家开发投资公司总部职能重塑优化改革方案》，并进行了内部宣讲。改革后，国投总部将下放部分职权，整合部分职责，总部职能部门由 14 个精简为 9 个，员工人数由 325 人精简为 230 人以内。

施洪祥表示，重塑优化总部职能的过程中，会将产业经营职能下沉，能放的、该放的逐步下放子公司，推动股东权利和经营权利相分离；该整合的职能有效整合，缩减管理岗位；推行管服分离、实现服务共享，压缩管理边界；该加强的职能切实加强，着重提升总部战略决策能力、资源配置能力、资本运作能力、监督评价能力和加强党的建设能力。总部主要通过公司治理机制，对所出资企业履行出资人职责，行使股东权利，全面落实国有资本经营责任。

科学推进

改革涉及面广，涉及人多，既要坚决执行，又要科学推进。

在总部职能重塑过程中，国投没有聘请中介机构，而是由国投改革办牵头组织、职能部门、子公司共同参与。

改革办用了半年多的时间，对公司领导、各部门负责人、普通员工代表以及子公司领导班子做了大量访谈；走访了很多家中央和地方企业，并且借鉴了它们的经验；召开了专家论证会，还请科尔尼做了第三方评估。

改革办的访谈记录显示，即使被调整到的部门和个人，也是站在有利于公司长远健康发展的角度，提出了建设性意见。

在具体执行过程中，国投积极采取各种措施，对调岗和转岗的人员做出妥善安排：一是人随业务走，调整至新的机构和岗位；二是建立一支20人左右的专职股权董事队伍，进一步做实子公司董事会；三是充实到公司审计中心，增强总部监督评价力量；四是新设立国投文化宣传中心、国投培训与服务保障中心，推动服务共享，提高服务保障水平；五是充实到子公司，增强子公司专业力量。

同时，所有员工的职级、岗级和待遇“三个不变”。

对此，国投提出，上述措施让更多的人充实到经营管理第一线，既充实了专业力量，也让员工的工作更加饱满，使大家在工作中得到成长，一举数得。

[**链接**]

构建大监督体系，避免国资在改革中流失

国资国企改革风险大、变数多，如何避免国有资产在改革中流失，是党和国家领导以及社会公众共同关注的内容。

对此，国投提出，针对监督资源分散问题，国投推行监督体系改革，推进专业监督与职能监督结合，业务监督与纪检监督结合，确保授权到哪监督跟到哪。

审计牵头，多方配合

国投的大监督体系运转由审计部作为牵头组织部门。审计监督权上收总部，并设立审计中心，子公司原则上不设审计机构；按外部监管要求必须设的，业务服从总部领导，审计负责人以总部考察推荐为主。针对问责不到位问题，强化审计部门向董事会负责的工作机制，设立稽查办公室，加大整改和问责力度。

审计部按照“保证监督效果、职能监督与专业监督相协同、避免重复”的原则汇总制定公司年度监督工作总体计划，并督促计划

的实施；对各类监督中发现的问题及被监督对象的整改情况进行汇总分类、审核，并按规定统一纳入公司“查、督、办”体系，落实整改责任；统一组织监督结果通报；对监督体系及其运转情况、取得的成效和存在的问题进行总结分析，提出改进建议，经公司批准后予以实施，促进公司监督体系不断优化。

充分发挥监事会过程监督与审计事后监督的合力。公司总部审计部设审计特派员担任子公司监事会主席，内审人员同时担任监事，以利于运用监事身份开展工作、运用审计方法发现问题，充分发挥二者监督合力。

在具体实施过程中，各部门协同实施监督，变“专科大夫检查”为“全科大夫会诊”。对审计发现的重要问题、重点事项，当即反馈相关部门。定期组织召开审计监督工作沟通会，通报监督工作开展情况，剖析突出问题，提出改进完善的意见和建议，减少工作重复，减轻企业负担，提升了监督工作成效。

领导支持，增强监督效果

国投董事会下设审计与风险管理委员会，组织领导公司监督工作。总部审计部定期向董事会和董事会审计与风险管理委报告审计监督工作，严格贯彻落实其决议要求。

国投9位党组成员中，有3位领导分管审计，体现了公司对审计监督工作的高度重视，为依法、独立、公正地开展审计监督工作提供了强有力的支持。

为了加强对公司大监督体系运行的组织领导，公司成立了审计监督委员会。该委员会对董事长办公会负责，审议公司重大、紧急、系统性和全局性的审计监督事宜。

闭环追责，提高违规成本

在国投大监督体系框架下，所有专业监督、职能监督和外部监督在监督检查中发现的问题都汇总到公司统一的监督数据库，实现监督信息共享应用。同时，按照公司“查、督、办”闭环管理机制，跟踪、督促、检查问题的整改落实及追责情况，实现监督闭环。

为了更好地落实责任倒查追究机制，组织开展对监督检查发现突出问题的整改追责处理，公司设立监督体系问题整改领导小组。负责组织开展对公司、子公司、投资企业监督检查发现突出问题的调查核实，根据调查核实结果，研究后续工作的开展和对相应责任单位、责任人的问责处理等事宜，实现了监督追责的闭环管理，加强了惩戒力度，提高了违规成本。

网上监督，实现过程管理

国投开发建设了国投集团监督工作平台，将监督工作标准、监督内容、质量控制要求、操作流程等内置其中，满足集团各级单位开展各类监督工作的需要，实现对监督全过程的管理，促进审计监督工作的标准化、规范化，实现审计监督管理、作业、成果共享运用的一体化、系统化。

通过监督工作平台实施监督，实现了监督工作全程管理，促进了监督工作的规范、高效，形成了数据化监督成果，为深化审计监督大数据的应用奠定了基础。随着数据量的不断积累，便于采用大数据技术理念，从不同角度、不同层面挖掘分析，从中找出企业经营发展中的内在规律、共性问题和发展趋势，增强后续监督工作的针对性，为企业管理提供预警服务。

（撰稿：刘青山）

[专家点评]

刘纪鹏
中国政法大学资本金融研究院院长、教授、博士生导师，中国企业改革与发展研究会副会长

市场千变万化，风雨难测。其滞后性导致市场个体很容易迷失其中：行业形势好则争先恐后，形势差则弃若敝屣。相比较而言，国有资本的反应周期往往因为其决策流程等原因而显得更加迟缓。

本世纪以来，钢铁、煤炭、建材行业经历了黄金十年。各类资本纷纷布局，国有资本扩张迅速。结果，现在我们不得不从这些行业再度转移安置180万职工。应该说，资本的逐利性、滞后性和地方政府的政绩观，是造成这一局面的共同推手。那么，时移世易，新常态背景下，中国经济转型升级重任当头，我们是不是能够吸取教训、走出循环呢？

诸如国投这样的国有资本投资公司的组建，或许是破解这一困扰的切入点。管控资本，而非具体企业，是投资公司最大的特点。相对来说，资本的流动性要强得多，一旦某一行业再次遭遇产能过剩，撤出股份要比关停企业更具操作性。当然，投资公司应该让主要资本流向更具成长空间的行业，而非即将过剩的产业，比如国投正在布局的前瞻性、战略性新兴产业。

近年来，国投更多地倚重基金工具。这种更具灵活性的投资方式，既能撬动社会资本共同参与，从而降低风险，也能更好地捕捉市场的微妙变化。所以国投过去能够成为国民经济灵活的双手，洞察先机，拾遗补阙，造就了国投罗钾、雅砻江公司这样的成长奇迹。但仅有这些还不够。今天的前瞻性产业明天也有可能变成过剩产业，

如何在其成长趋势衰竭前发现新的蓝海，是考验投资公司能力的关键指标。

按照目前的规划，国投总部肩负着“瞭望者”“领航员”的重任，随时发现前路上的险滩急流，既为公司自身的产业布局谋划未来，也为国家经济的转型提供重要参考。一个国家，离不开这样的产业发展领航员。

8. 招商局集团有限公司

市场化为深化改革增添强大引擎

招商局集团有限公司（以下简称“招商局”）是国家驻港大型企业集团，亦被列为香港四大中资企业之一。

招商局是中国民族工商业的先驱，创立于1872年晚清洋务运动时期，至今已有144年的历史。曾组建了中国近代第一支商船队，开办了中国第一家银行、第一家保险公司等，开创了中国近代民族航运业和其他许多近代经济领域，在中国近现代经济史和社会发展史上具有重要地位。

1978年，招商局即投身改革开放，于1979年开始独资开发了在海内外产生广泛影响的中国第一个对外开放的工业区——蛇口工业区，并相继创办了中国第一家商业股份制银行——招商银行，中国第一家企业股份制保险公司——平安保险公司等，为中国改革开放事业探索提供了有益的经验。

近年来，招商局认真贯彻落实中央国企改革“1 + N”系列文件精神，确立并围绕“建设具有国际竞争力的世界一流企业”的战略目标，以市场化为核心不断深化改革，实现了持续健康发展和竞争力的提升。剔除并表招商银行等金融业务因素，2015年实现营业收入、利润总额同比分别增长30.8%、45%。

最新数据显示，2016年上半年招商局继续保持较快增势，实现利润总额582.9亿元，逆势大幅增长127%，并连续12年被国务院国资委评为 A 级企业。

市场化为深化改革增添活力

党的十八大以来，国企改革顶层设计出台，改革重大举措陆续实施，改革成效不断显现，有力推进了供给侧结构性改革。但要清醒地看到，国企还存在一些突出问题亟待解决，一些市场化机制需要建立和完善。

有业内专家认为，体制机制性问题集中到一点，就是国有企业的市场主体地位尚未真正确立，活力不足。国企改革关键在激发活力。

激发活力要遵循市场经济规律和企业发展规律，让国企成为真正的市场主体。要认识到，国有企业首先是企业，不是行政单位。坚持政企分开、政资分开、所有权与经营权分离，促使国有企业真正依法自主经营、自负盈亏、自担风险、自我约束、自我发展。增强国企活力的前提是简政放权，把属于市场主体的权利真正落实到位。国资监管机构要加快向管资本转变，有关部门也要进一步减少行政审批，降低企业制度性交易成本。

以市场化为核心？该怎么走？方向在哪里？招商局用自己的探索给出了答案。

市场化选人用人

招商局集团董事长李建红认为，国有企业的生产要素大都已经与市场接轨，难点在于选人用人。如何在落实党管干部原则下，依照市场化机制，创新高级管理人才的选聘与激励，这才是问题的

自贸区拱门（深圳前海）

关键。

“全球公开招聘”，一般认为只是民企和一些跨国公司的“大手笔”，其实，在招商局下属二级子公司的总经理，一样采用的是此种选人用人方式。

招商局集团副总经理王宏表示，改革开放初期，招商局就提出“干部聘任制”，近年来更是放开二级公司总经理等高级管理岗位，面向全球公开招聘。

“招商局要做‘具有国际竞争力的世界一流企业’，必须揽全球一流人才，扩大选人用人视野。”招商局总经理助理褚宗生说。

褚宗生还介绍道，在招聘方式上，招商局弃用“先笔试后面试，严格按照分数来”的传统招聘方式，采用直接面试选聘高级管理人才。

“传统更多的是考，我们更多是谈。”褚宗生说，“谈”包括方方面面：验证其经历真实与否，以及考量其领导能力、开拓创新能力等。如果觉得应聘者足够优秀，即便是事先招聘岗位没有合适的，为了留住人才，甚至可以为招聘者重新设立一个适合的岗位。

据悉，2014 年以来，招商局旗下招商金融、招商蛇口等 6 家企业的“一把手”均是通过全球招聘而来。这些通过市场化方式选聘的高级管理人员，三年一任，达不到业绩目标即辞退或转岗。其中，一家经营不善的二级公司总经理已被辞退。

激励与约束并举

人才到位，如何考核，如何让其发挥更大的价值？“跑赢大市、好于同行”是招商局考核的标杆。招商局将业绩与市场先进水平持续对标，业绩所处的市场分位高，则薪酬高，反之则低。同一级别相差数倍之多，同一个经理人，企业业绩好时与差时的收入也相差很大，如招商轮船总经理业绩较差的 2013 年与业绩较好的 2015 年相比，其薪酬水平相差 2 倍多。

此外，招商局还通过对股票期权、员工持股、事业合伙人等中长期激励方式的运用和创新，不断探索建立更为完善的市场化薪酬分配制度，基本形成“与市场接轨、与行业相符、与地域相适、与业绩匹配”的激励与约束机制。通过市场化的选人用人，强化“能进能出、能上能下、能增能减”的机制，大大增强了各级领导班子和人才队伍的活力，既集聚了人才，又传导了压力，更激发了动力。

王宏表示，作为在港央企，招商局一贯坚持用专业的人，做专业的事，用市场化选人用人方式，激发人才活力，为集团发展提供宝贵的人才支撑。

优化资源配置和资本效率

如何让资源和资本价值最大化？招商局给出的答案依然是“市场化”。招商局高管表示，充分利用资本市场，运用市场化手段，加强对外兼并收购、对内重组整合，有力地促进了资源的优化配置和资本效率的有效提升。

对外兼并收购

对此，招商局已经具备非常清晰的市场脉络，先是对外兼并收购，做强优势主业。两年来，集团累计对外投资665亿元用于兼并收购，把资源不断集中到更有能力的经营者手中。如2014年兼并重组了因连续4年亏损被暂停上市交易的中国外运长航油轮业务，此举不仅盘活了一家濒临破产的企业（其2015年由亏损转为盈利6亿元），保全了200多亿元的巨额银行资产，还使得招商局VLCC船队规模、效益跃居世界第一，运营成本显著低于国内国际同行，2015年实现利润总额同比增长320%。

2015年底，经国务院批准，中国外运长航又整体并入招商局集团。

对内重组整合

外部整合后，就需要对内重组整合，释放潜在价值。招商局高层表示，为此，招商局相继推进了集团港口、物流、贸易等业务的重组整合，涉及资产近2500亿元，都取得了较好的整合效益。特别是2015年完成园区与地产开发业务的重大重组，该业务原来由两家公司经营，存在严重的关联交易、同业竞争，内耗较大，经重组整合后，公司市值由原来的755亿元提升到1700亿元；利润总额也由重组前的90多亿元上升到重组后的104亿元，2016年预计实现利润155亿元，2017年利润可以保持两位数的增长，重组效益逐步显现。

[**链接**]

招商轮船向与中外运长航VLCC船队整合

招商轮船成立于2004年12月31日，主营业务为远洋油轮运输、干散货运输和液化天然气运输，涵盖了能源运输的主要货种。2006年12月1日，公司成功完成IPO并在上海证券交易所挂牌上市，成为境内资本市场的航运蓝筹。

招商轮船全称是招商局能源运输股份有限公司，目前是招商局集团实业航运板块、专注于专业化的远洋运输，也是招商局成立之初留下的产业。

整合背景

据招商轮船总经理谢春林介绍，招商局的航运史可以追溯到其成立之初的1872年。当时的轮船招商局，秉承“实业强国”的民族梦想，用数个“第一”开启中华民族航运的新篇章。截至2016年6月30日，招商轮船经营管理各类船舶70艘，合计1726万载重吨，手持订单47艘；远期合计运力近3000万载重吨。招商轮船已成为全球最具规模与竞争力的能源运输企业之一。特别是超级VLCC油轮船队目前运营37艘，订单16艘，已位列世界第一。

谢春林表示，能取得这样的成就，得益于近几年的央企深化改革、兼并重组和创新发展，得益于在国资委倡导下的与中外运长航的VLCC船队的市场化战略整合。

谢春林介绍，2012 年，受国际金融危机的扩散影响，全球油运市场持续低迷，国际油运企业普遍经营艰难。当时，中外运长航下属的上市公司中国长江航运集团南京油运股份有限公司（简称“长航油运”）连续三年亏损，被上海证券交易所暂停上市交易，2014 年 6 月被暂停上市。

在国资委、交通部等部委主导下，2013 年伊始，招商局、中外运长航和中石化三家央企集团，基于“国油国运”的国家战略，经过友好务实协商，最终于2014 年 9 月 5 日签署合作协议，以超级油轮（VLCC）和现金出资，合资成立专业化的航运公司“中国能源运输有限公司”（招商轮船方占比51%，中外运长航方占比49%），成为全球领先的 VLCC 油轮公司，也为打造世界一流能源运输船队奠定了坚实的基础。

整合过程

企业的资源整合是一个为长远利益而实现的战略决策，整合过程是需要极强的战略协调能力。整个整合过程中，会遇到许多阵痛，面临资产融合、经营融合、管理融合和文化融合等难题。某种意义上来讲，文化融合是整合成功与否的关键所在。在与中外运长航 VLCC 船队整合过程中，双方面临的十分迫切而重要的问题就是，如何进行资产交割、如何厘清错综复杂的债权债务关系，让双方的合资公司从一诞生就有产权清晰、运作规范的良好形象，就可以在国际油运市场的舞台上崭露头角、一鸣惊人。

谢春林表示，为了尽快完成整合任务，双方成立了工作组，坚持友好协商，并力求做好先融合文化，从大局出发，最大限度统一思想，制定整合的原则，确定以市场化统领整个整合过程。

以市场化的思维洽商合作。市场的思维就是理性。谢春林认为，此次合作，完全是双方各自的需求驱动，长航油运要改善财务状况、专注成品油运输，而招商局要拓展VLCC船队，打造世界一流。双方以市场的理性思维，在多轮谈判中拟定了《合资合作协议》《股东协议》等重要文件，其每一条款都体现了双方的利益诉求，奠定了合作的基石。正是因为各取所需、利益共同，合作才有了理性的基础，理性也成就了双方的合作，实现了双赢。

以市场化的方式落实整合。市场的方式就是高效透明。签订合作协议后，招商局与中外运的相关人员组成团队，分工合作，有问题就摆出来一起讨论解决，仅用5个月时间就完成了31艘VLCC的接收，并顺利衔接了新接船舶的商务运营、高效完成了首航次订载。时间之短，交船之密集，法律关系之复杂，只有用高效透明的市场方式才能做到。据了解，在世界航运史上，这么短时间成功完成这么大规模的船舶交易整合也是不多见的。

以市场化的规则治理公司。市场的规则就是权责分明。合资公司成立伊始，就十分重视公司治理结构的搭建，坚持以董事会的方式进行决策，不干预公司的日常经营。整合之日就实现了运营，就获得了收益。

谢春林认为，运用市场化的思维、使用市场化的方式、遵行市场化的规则，是这次整合得以顺利完成的关键。

整合成效

通过VLCC船队的重组整合，进一步体现了招商局集团“强强联合、优势互补、资源共享、合作共赢”的发展理念，利益相关方均在这次整合中受益，达到了多赢的局面。

长航油运摆脱困境。长航油运摆脱了债务重组和破产的困境，得以将资源集中在成品油轮船队上，其经营条件得到大幅改善，船队的生产经营恢复正常，资产负债率大幅下降。2015 年归属于母公司净利润达约 6 亿元人民币，脱离了连续四年亏损的局面。同时，中外运长航持有中国能源运输有限公司 49% 的股份，VLCC 船队运营效率的提高亦使得中外运长航享受经营效益好转带来的收益。

债权人利益得到保障。在整合之前，由于长航油运连年亏损，被暂停上市，所有债权人的债务暴露在风险之中，随时会因为公司破产而导致巨额损失；整合之后，部分银行债权由新的中国能源运输有限公司承担，其信用得到提升，抵押资产优良，融资安排改善等使其债权变得更加安全，风险敞口变小，其他债权人的权益也因公司负担减轻、生产经营恢复正常、现金流和经营效益改善等原因而得到保障。

招商轮船规模迅速扩大。招商轮船通过资源整合使船队规模迅速扩大。截至 2016 年 6 月，公司有 VLCC 达 37 艘，加上 16 艘订单，数量达到 53 艘，位居全球第一，增强了招商轮船在市场上的竞争力和影响力。基于招商轮船优良的船队管理水平、市场地位和显著的品牌优势，加上抓住此轮油运市场带来的景气表现，整合后的油轮船队取得了可观的经营效益。2015 年，招商轮船实现利润总额 20.8 亿人民币，同比增长 640%；归属于母公司净利润 11.5 亿人民币，同比增长 476%。

整合意义

与中外运长航 VLCC 船队的整合，不仅给相关方带来了实际的经济利益，对于国企改革、行业发展、国家能源安全等都有十分重大的意义。

谢春林认为，首先，有利于推动国有航运企业在业务板块层面的同类归并，避免重复投资，提升产业集中度，形成差异化竞争优势；

其次，有利于国有航运企业在市场低谷时期的危机应对，完成资产结构和资本结构的优化提升，增强船队抵御风险和市场议价的能力；

第三，有利于国家建设海洋强国和海运强国的战略实施；

第四，有利于确保“国油国运”政策的贯彻执行，整合后，招商油轮船队“国油国运”的比重大幅提升，在复杂多变的国际政治经济环境中，为国家能源运输安全和经济安全提供了切实的保障。

谢春林还表示，此次招商轮船与中外运长航 VLCC 船队的整合成功，受到了国家领导人及国资委领导的高度肯定。此次成功整合，是积极落实十八届三中全会关于央企改革精神、落实国务院国资委关于加强中央企业业务合作要求的重要举措，是践行用市场化的运作方式优化中央企业资源配置和央企改革的重要成果，也是落实国务院《关于促进海运业健康发展的若干意见》、保障国家进口原油运输安全、进一步推进“国油国运”的重要成果。

加快国际布局 彰显实力

“一带一路”倡议致力于复兴古丝绸之路，提出 3 年来，已有 100 多个国家和国际组织参与其中，中国同 30 多个沿线国家签署共建“一带一路”合作协议，同 20 多个国家开展国际产能合作，以亚投行、丝路基金为代表的金融合作不断深入，一批有影响力的标志性项目逐步落地。

“一带一路”倡议是时代的需要，它将加强业已存在的中国与周边国家的经济往来，并令周边国家那些历史悠久的港口、码头重获新生、再现辉煌。

据了解，近年来，招商局重点围绕国家提出的“一带一路”战略，加快了海外布局的步伐。在推动国际化进程中，始终注重研究国际市场，遵循国际市场规律，谋定而后动，避免冲动盲动。

积极构建“一带一路”港口网络

招商局在全球投资的港口网络分布于 18 个国家、35 个港口，大多是“一带一路”沿线国家的重要港口，包括科伦坡国际集装箱码头（CICT）、吉布提港、土耳其 Kumport 港、尼日利亚庭堪国际集装箱码头（TICT）、多哥洛美集装箱码头（LCT）等。以东非国家吉布提为例，2013 年 12 月，招商局集团与吉布提政府的吉布提港有限公司合作投资吉布提港，招商局集团持股 23.5%，投资项目包括吞吐能力 600 万吨的多功能码头、吞吐能力 150 万箱的集装箱码头、17 万平方米的吉布提干港等。

推进中白工业园项目和中欧物流大通道建设

招商局利用多年工业园区开发经验，参与了“一带一路”的标志性项目——中白工业园的开发和运营管理。同时，着力推进“津新欧”“粤新欧”等中欧物流大通道的建设工作，目前“粤新欧”已开通每周四班到欧洲和中亚的固定班列。

复制“前港 - 中区 - 后城”的蛇口模式

招商局入股吉布提港后，为其建设了新港，推动了老港区搬迁，开发大自贸区，得到各方的高度认可。今后，将继续在海外复制这一模式，打造国际产能合作的平台。

据介绍，海外业务的发展正在成为招商局新的增长动力源。以港口业务为例，2013—2015年，海外集装箱吞吐量复合增长率达到46.1%，远高于国内项目4.1%的增速。

经过近几年的发展，招商局在体量上进入万亿级资产企业行列，企业活力、控制力、影响力、抗风险能力大大增强，国有资本运营效率明显提高，实现了较大的跨越。招商局集团董事长李建红表示，“十三五”期间，坚持以市场化为核心深化改革，以深化改革为动力，全力实施创新发展、一带一路、互联网+、并购重组“四轮驱动”战略，努力把招商局建设成为具有国际竞争力的世界一流企业。

依靠市场创新转型

招商局集团董事长李建红表示，近年来，正是靠着改革创新，招商局实现了从要素驱动向创新驱动转变的华丽转身。

招商局高层认为，创新不等同于“出点子”，而需要久久为功。在认真研判市场发展趋势的基础上，深入实施创新驱动发展战略，建立市场化的创新长效机制，积极推动业务转型升级。

对此，招商局在搭建平台、嫁接资本、制度创新方面都做出创新和投入。

2015年12月18日，招商局集团旗下再添新成员，“招商局创新投资管理责任有限公司”（下称“招商创投”）及“招商启航互联网创新孵化器”（下称“招商启航”）正式揭牌，这标志着招商局“互联网+投资”布局全面提速，从此，无论是互联网早期项目的投资与服务，还是企业从天使投资、VC投资、PE投资到并购、上市再到债权融资的全生命周期金融服务，都将在招商局金融产业获得一站式覆盖。

“2015 年我们在北京设立了招商局集团创新发展研究院，目前正筹划在美国硅谷设立研究机构。我们明确从 2016 年开始将净利润的 2.5% 用于创新研发活动，建立国家‘双创’示范基地，全面激发创新活力、创业动力，并将通过复牌仁和保险、大力发展高端邮轮旅游产业等，培育新的增长点。”招商局高层表示。

据了解，招商局在交通、金融、房地产等主业上积极进行产业结构内的“互联网 +”创新探索，此次利用 50 亿自有资金新设立招商创投，更是实践“互联网 + 投资”的重大战略举措。这家投资公司将从事母基金投资（FOF）和直接投资，其中，母基金将采用纯市场化操作，最大限度地释放其投资的创投基金对创新项目支持的力度和挖掘项目的广度；而直接投资则会重点关注“互联网 +”项目创新，投资于利用创新思维方式、技术手段和组织形式，对传统行业进行升级改造，提高行业运行效率的项目。

招商启航是招商局新设的互联网投资孵化平台，总投资规模为 3 亿人民币。拥有“厘米空间”（孵化器）、“1st”（自媒体）及“启航资本”（投资管理）三个品牌。招商启航将专注于互联网早期项目的投资与服务，帮助项目对接招商局丰富的线下产业资源，包括互联网项目起步阶段最需要的应用环境、商业模式、种子期客户等，帮助企业快速有质量地成长。值得一提的是，在深圳蛇口这一改革开放的前沿阵地设立“厘米空间”互联网孵化平台，充分体现了招商局承上启下的创新信念，依托厘米空间，招商启航将与暨南大学、蛇口电视台合作共建新媒体专业孵化平台，与招商局国际合作共建智慧港口专业孵化平台，与招商自贸商城合作共建跨境电商专业孵化平台等，尝试更多样的创新可能。

另据了解，2016年上半年“厘米空间”收集了275份商业计划书，有29个项目入驻孵化，招商启航对5个项目投资600万元。这是国家提出“互联网+”行动计划后，招商局集团进行的探索。

自2015年以来，招商局集团在落实“互联网+”行动计划、“双创”活动上全面提速。2015年4月，招商局集团授权12家二级公司每年可自行审批投资1~2个产网融合项目，每个项目的资金额度是500万~2000万。

招商启航副总经理王金晶表示：“我们面向创客提供综合孵化投资服务，在我们10000平方米自有孵化空间，创业企业免费入孵3个月，3个月后留下的企业获得孵化器的投资。”

“在进行嫁接资本的同时，招商局集团还进行制度创新，包括鼓励创新投入，对创新支出双倍加回并相应调增净利润，每年设1亿元创新奖励，设立15%员工期权池，建立容错机制。”招商局金融集团副总经理朱立伟表示，建立跟投机制，复制PE行业跟投机制，团队先决定个人投资的额度，孵化器再按照团队投资额总和的19倍跟随投资项目。如果项目盈利，团队按个人出资额对应投资收益的2倍结算收益；如项目亏损，以团队实际出资额进行结算。

除此之外，招商局还利用旗下的产业园区搭建开放式创新平台，实现创新资源的集聚。蛇口工业区原来主要是“三来一补”的加工制造业，近年陆续推动旧的工业厂房改造成网络信息、高端装备、生物技术、节能环保、文化创意等“双创”基地。

利用产融结合的优势，搭建起了覆盖天使投资、VC投资、PE投资以及上市服务等各个环节的创新创业投资金融服务体系，已经为创新创业的中小微企业提供了3000多亿元的融资。

2015年，设立了规模为50多亿元的产业互联网投资基金，协助

蛇口网谷鸟瞰

集团传统产业向产业链高端转型。在制度创新、鼓励创新投入方面，建立容错机制和跟投机制。把“互联网 +”领域的创新创业项目都集中到专门设立的平台公司上进行投资，通过总体投资组合收益，平衡单个项目投资失败所造成的影响，把 PE 行业中成熟的跟投机制复制到创新项目投资上等。

厘米空间、招商启航，以及蛇口网谷，都是招商局为推进创新转型而搭建的平台，实现了创新资源的集聚。“至 2015 年底，蛇口网谷入驻企业超过 400 家。”招商蛇口总经理许永军说。

除了嫁接资本，在制度创新方面，招商局鼓励创新投入。每年拿出 1 亿元资金，扶持各企业创新项目、奖励创新先进单位和个人。创新支出双倍加回，并相应调增净利润。“比如，二级公司在创新方面投入 1000 万元，考核时候集团会给予奖励，把 1000 万费用加回到利润中去，并再补助 1000 万元，鼓励推动促进二级公司的创新支出。”招商金融副总经理朱立伟说。

“创新创业失败率高，在成功企业的背后，有无数个企业倒下去。”朱立伟说，为了保障国有资产保值增值，招商局把“互联网 +”领域的创新创业项目都集中到专门设立的平台公司上进行投资，通过总体投资组合收益，平衡单个项目投资失败所造成的影响。

谁决策谁投资。招商局建立跟投机制，跟投主体从项目实施者扩展到投资决策者。“将项目投资回报与投资团队及决策者的利益捆绑在一起。”朱立伟说，当跟投项目退出且实现投资净回报时，跟投人员将获得2倍的跟投效益。

招商局深入实施创新驱动发展战略，建立市场化的创新长效机制的实践探索得到了认可。近期，国务院办公厅印发了《关于建设大众创业万众创新示范基地的实施意见》，确定了首批28个双创示范基地，招商局集团作为7个企业示范基地名列其中。

（撰稿：张世祥）

[专家点评]

梁　军

广东省社会科学院国有资产监督管理研究中心主任，广东省国有资本研究会会长

观察招商局集团公司，是一件非常有意思的事情。

从公司名称来看，它有着相当浓厚的官办色彩和底蕴。从公司发展历史来看，它又有着相当显著的历史逻辑和象征意义。

曾经有这样一种很流行的观点，认为国有企业就是政府办的企业，满清政府也办了一批国有企业，因为国有属性的僵化机制，结果还不是满盘皆输？所以，国有企业是肯定办不好的。

招商局集团公司，可能是仅有的与上述观点有直接关联的国有

企业。单从名称上说，现在的招商局集团公司，确实是满清政府时期官办企业的历史延伸。特别是那个“局”字，让人联想到衙门机构。不知道在漫长的历史演进中，甚至当下，有没有哪位决策层的领导，曾经想过将之改名换姓，与满清政府的官办企业做一个彻底的切割？

作为后人，作为国企改革的专业研究者，我庆幸没有发生这样的改变。因为，招商局集团公司的历史变迁，特别是经历了浴火重生的改革以后取得的今日辉煌，恰恰是国有企业历史逻辑的最好诠释。

其一，满清政府的官办，与中华人民共和国的国有，怎可同日而语？满清政府是少数满族贵族统治者的统治工具，而中华人民共和国是中国共产党领导的、一切权力属于人民的国家机器。这种政治的先进性完全不在一个层次上。其二，满清政府的招商局，是为了统治阶级的利益，在某个阶段又是为了少数大资产阶级的利益而兴办的企业。不管它是官办还是官办民营，或者曾经的完全民营，都与最广大人民群众的利益无关。而新中国的招商局，其资产属于国家所有即全民所有，它最终所代表的和体现的，是全体人民的利益。这就是社会主义国有企业与资本主义国有企业（也包含满清政府这样的封建主义国有企业）的根本不同。其三，今天的招商局集团公司，不正是用它自身最鲜活的现实，证实了国有企业可以办好也一定能办好的历史逻辑吗？

当然，当年的满清统治精英，确实有通过兴办实业来增强国家实力，改变落后挨打局面的强烈愿望。实业兴，国家兴；国家兴，实业更兴。建立在落后的政治经济关系基础上的满清政府及其招商局，不可能完成上述的因果循环。百年招商的发展变迁，却给我们提供了社会主义制度下政治经济关系相互作用的标本。在招商局风风雨雨的历史变迁中，我们可以看到共和国成长的艰难曲折历程，在当下向“建设具有国际竞争力的世界一流企业”高歌猛进中，更可以触摸到中华民族伟大复兴中国梦的真实脉搏。

招商局集团公司的历史发展过程，尤其是改革开放以来的改革创新历程，我们就不去说它了，相信一定可以写成一篇宏伟的巨著。新华社记者让我点评一下对招商局集团公司采访的观感，我说一下较为突出的，旁人不易察觉的感受。

在对招商局集团公司的采访中，随手抓取一些细节，就可以看到这家百年老店和新时期大型央企的现代市场化气息。比如招聘方式的变化。招商局弃用“先笔试后面试，严格按照分数来”的传统招聘方式，采用直接面试选聘高级管理人才。“传统更多的是考，我们更多是谈。”读者千万不可忽视了这一细微之处所体现的巨大变化。按照官办的行政思维，一定会注重程序的合规性，程序重于结果，领导的位子安全第一。如果是办企业思维，一定是更看重结果，结果决定程序的作用，效率优先。如果招商局集团公司的领导班子想求稳的话，就按照“先笔试后面试”的固有程序，谁也挑不出瑕疵，至于能不能选出优秀的管理者，那与领导无关。侧重面试，靠面谈来发现应聘者的能力水平，考的不是应聘者，而是决策者的眼光和胆识，表现出来的是决策者的求贤若渴与光明磊落。这一细节，体现了招商局集团公司的市场化改革，可能已经远远走在很多国企的前面了。

招商局集团公司在金融板块的创新与投入，足以颠覆人们对国有企业的惯性认知。对于国有资产运营者来说，保值增值是天大的责任和压力。于是，我们看到不少国企的领导者，往往在传统实业领域做得风生水起，但鲜有在互联网早期项目、天使投资、VC 投资、PE 投资等领域作出成绩的。不是不能为，而是不敢为、不愿为。因为前者是相对可控的、稳健的，而后者的不确定因素太多，风险太大，而且评价标准缺失。换言之，用国有资产流失来追责，是很容易找到理由和证据的。但是，在错失了互联网经济第一块蛋糕之后，国有资本还能再错失机会吗？在产业资本发展到高级阶段，能够在金融资本领域裹步不前吗？所幸的是，我们看到了招商局集团公司所迈出的勇敢的脚步，而且是坚实的脚步，不断成长壮大的脚步。不要小看了围绕这一领域所做出的各种政策安排，比如创新支出双倍加回并相应调增净利润、设立员工期权池和建立容错机制、建立跟投机制与双倍跟投效益激励机制，这每一项政策，都蕴含了巨大的创新精神。而这一切，都来源于长期市场化机制的孕育。

最后再说一下国企如何平衡国家利益与市场机制问题。国有企业尤其是大型央企，当然不是纯粹的市场化盈利机器，当然不能只顾自己的企业效益和眼前利益。另一方面，在服从国家战略的同时，自身必须要取得市场化的经营业绩，才能更好地为国家战略服务。这既是一对矛盾，又是同一矛盾的两个方面。这个问题处理不好，企不为国，国企不成其为国企，或企不成企，国企无力为国，都是很常见的现象。招商局集团公司非常妥善地处理好两者的关系，值得所有的国企借鉴。在全球布局港口业务、整合中外运长航 VLCC 船队等案例中，招商局集团公司坚持秉承国之重器的社会责任，同时又能坚持以市场化的方式向市场要活力、要效益，把政治任务看成商业机会，变压力为动力，不断出色地完成国家赋予的任务，同时更进一步提升企业的市场化竞争能力。这些成绩的取得，还是得益于长期坚定的市场化改革的结果。这样的招商局集团公司，早已不是满清政府时期那个孱弱的、迷茫的官办企业了。这样的招商局集团公司，正是中国特色社会主义公有制主体地位下，壮大国家综合实力、保障人民共同利益的重要力量，难道不该理直气壮做强做优做大吗？

9. 中国诚通控股集团有限公司

打造资本运营平台，服务国资改革大局

2016年年初，中国诚通控股集团有限公司（以下简称“诚通集团”）被确定为中央企业国有资本运营公司试点企业之一。这是继10年前成为国有资产经营公司试点后，诚通集团在国有企业改革进程中的又一次先行探索。

作为国务院国资委系统的改革先锋，几年来，诚通集团已经在国资委的领导下，围绕改组组建投资运营公司等国企改革热点，参与多项研讨，提出相关建议，先后形成了《关于国有资产的流失问题研究》《国有企业功能定位与分类治理》《国有资本投资运营公司研究》等一系列研究成果。

被确定为试点单位后，诚通集团在上述研究成果基础上，确定了新的发展定位，并实施了全面改组。

诚通集团提出，作为国有资本运营公司，公司定位为服务国有资本战略结构调整和布局优化的国有资本市场化运营平台；通过股权运作、价值管理、有序进退，促进国有资本合理流动，实现保值增值。

诚通集团董事长马正武总结说，诚通过往十年一直是“国企改革的马前卒”，现在将成为“国有资本结构布局调整的抓手”，在新一轮国企改革过程中发挥更积极的作用。

蓄势十年打基础

诚通集团在央企行列中规模不大、名气不高，为什么能得到了成为国有资本运营公司试点这一难得机遇？熟知内情者并不觉意外。

这既是诚通集团自身主动争取的结果，也是国资委对其多年来工作的充分肯定。

实至名归

2005 年，国务院国资委根据国有经济布局和结构调整以及中央企业重组的总体需求，准备将部分中央企业的非主业资产、不良资产及所属经营不善的企业，通过托管、无偿划转、资产置换等方式剥离出来，交由一家央企集中按照市场原则和有关规定进行经营或处置，国资委选择了诚通集团，并下发了《关于选择中国诚通控股集团公司进行国有资产经营公司试点有关问题的通知》。

国资委之所以选择诚通集团作为试点，既是客观需要的，也是诚通愿意干的，并且前期实践证明诚通集团干得还不错。因为诚通集团自身就是在改革和重组整合中发展起来的，在困难企业重组退出等方面做了大量工作，具有一定的组织机构基础，形成了一支具备企业重组实际操作经验的人员队伍。

从此，诚通集团开始了十年资产经营探索之路。根据试点任务要求，集团董事会确定了集团资产经营公司的定位和发展战略："为国有经济和中央企业布局与结构调整服务，坚持资产经营与产业经营相结合，成为在中央企业结构调整中发挥独特作用，市场竞争力强的资产经营公司"。

临危受命托管中国铁物，是国资委交由诚通集团攻坚的最近一项中央企业一级公司重组任务。在此之前，诚通集团已经完成了6户中央一级企业、14户中央企业所属二级企业、11户军工企业和1户地方国有企业以及系统内182户企业的重组整合，对1户央企财务公司实施了破产清算，资产经营共涉及企业656户，资产债务800亿元，职工8.8万人。

这是中国诚通控股集团有限公司在过去10年作为国资委首家国有资产经营试点企业交出的任务完成清单。

[**链接**]

托管中国铁物

日前，中国铁路物资股份有限公司（简称“中国铁物”）官网公告称，截至2016年8月13日，中国铁物成功兑付了2016年到期的全部68亿元债券，支付债券本息70.46亿元，未发生一起违约事件和延期兑付的情形。中国铁物“债券兑付危机”正式解除。

此次危机的成功化解极大地提升了债券市场的信心，对整个债券市场的稳定发展起到了十分关键的作用。同时，在2015年以来多家国企出现债券违约、2016年下半年国企再次进入偿债高峰期的背景下，中国铁物应对此次危机的路径也给如何“破局”当下的国企债务危机以启发。

2016年4月11日，中国铁物公告称，为保护投资者利益，公司申请总额共计168亿元的债务融资工具于4月11日上午开始暂停交易，中国铁物的“债券兑付危机”由此引爆。

2016年4月29日，国资委召开了中国铁路物资总公司全体干部大会，会议宣布为妥善解决中国铁物债务兑付危机，决定对中国铁物实施托管，对中国铁物领导班子进行改组，由诚通集团董事长、党委书记马正武兼任中国铁物总经理、党委书记，成立中国铁物管理委员会，在托管期间实行管理委员会体制。

诚通集团临危受命。在三个月内，通过自筹资金、清收欠款、盘活资产，连续兑付6笔到期债券，总计68亿元，稳定了债券市场预期，避免了流动性危机与兑付危机，维护了债券市场的稳定，增加了市场信心。

一是积极盘活资产，强化债权清收。全力推进北京丽泽、成都二仙桥和内蒙古霍林河等项目的盘活处置工作。其中，丽泽项目、成都泰博项目均已签署协议并分别收回资金40亿元和27.88亿元；霍林河项目以4.9亿元在北京产权交易所公开挂牌；广州石碑项目正与政府积极洽谈。

同时，国资委协调其他中央企业，部分偿还对中国铁物的债务，金额超过10亿元，有力地促进了债券兑付危机的解决。

二是全面推进改革。深入研究制订中国铁物债务、业务、资产等重组方案和人员分流安置方案，并将在此基础上制定中国铁物整体重组方案。优化组织架构，推进机构改革，进一步压缩管理层级至3级。

在此期间，马正武将主要精力投入到中国铁物的债务危机处置中。“基本都在那边办公。”中国诚通的有关人士说。

经过国资委和中国铁物托管委员会的共同努力，2016年1—7月，中国铁物实现营业收入315亿元，同比减亏3.1亿元，并实现经营性净现金流24亿元，同比增加62亿元。

对此，马正武表示，债务危机的解决，是托管工作的第一步。在他看来，中铁物资的一些业务发展潜力还比较大，因为铁路业务形势不错：中铁物资承担着铁路的机油业务和钢轨业务，以及服务铁路运输方面的其他一些业务。

按照马正武的设想，中铁物资下一步一方面要继续深化内部改革，加强风险管控，一方面要调整优化业务结构，一方面还要与银行就债务重组的方式加强沟通。“争取年内拿出各方都能接受的解决方案，这样市场和银行就都有信心了”。

搭建平台

由于国资委交由诚通集团重组的央企都是全国性公司，无论是资产处置还是人员安置都需要全国化网络作业。根据工作需要，诚通集团搭建了产权管理、资产运营、人力资源管理三个功能性平台。

产权管理平台。负责集中管理资产经营类企业的产权管理与财务，以形成规范的制度和流程，加强监管，防止国有资产流失。

资产运营平台。负责具体实施资产整合、退出、产业孵化等业务的操作，实现资产集中化处置，资产价值最大化。这些年，诚通集团立足自身原有基础和所接受企业资源，组建了北京、上海、东北、中南、陕西、四川、海南等地 7 个资产经营区域平台，形成了一支由 100 多人组成、熟悉企业改制和人员安置业务政策和操作的专业队伍。

人力资源平台。实践中，诚通集团采取了“人资分离”，成立第三方专门机构，负责做好“三类人员”（离休、退休、内退）的管理服务，保障人员安置过程平稳。诚通集团在接收重组的中国国际企业合作公司的人力资源管理公司基础上，组建了“诚通人力资源有限公司”，建立了第三方专业管理“三类人员”的专业化人员安置模式。在全国主要区域建立了 26 家分公司、4 个办事处，有一支近300人的队伍，管理8000多名离退休、内退人员，服务内容涵盖内退人员失业保障和离退休人员生活保障的各个方面。

探索路径

诚通集团近年来接收的国资委资产经营项目，行业、地域、规模差异大，面临的困难和症结各不相同。诚通集团接手后，根据企业实际经营情况，坚持分类管理、分类指导、“一企一策”的原则，资产退出、重组与发展并重，有针对性先行制定企业改制整体方案，经集团董事会审批并报国资委同意后实施。

退出一批。国资委交给诚通集团整合的企业和资产基本都是经营困难的央企辅业资产和不良资产，划入后需要发挥救助困难企业“ICU”（重症监护室）职能，解决突发问题后迅速对企业做出“诊断”，对于经营没效益，产品无市场，扭亏无望的企业，坚决退出。

2005年以来，先后清理退出中国普天集团所属8家二级企业，对央企一级企业华诚投资管理有限公司实施破产，中国国际企业合作公司清理关闭，总计退出困难企业322户，累计分流安置人员6.3万人。集团还累计投资近2亿元建成面积16万多平米的住房，用于职工危房改造、异地搬迁，解决了2200多户职工家庭的安居问题。

重组一批。接收中国中钢集团公司所属炉料公司和滨海公司，支持了其缓解财务困难；将华诚投资管理有限公司破产财产中国天元华创有限公司股权置换到南光集团；帮助中国建材所属洛玻集团、哈电集团所属阿继集团实施职工安置等工作，处理原中国康利实业公司职工安置等遗留问题，受银监会委托组织华诚财务公司的清算和破产工作；重组了中冶科工所属中冶纸业，通过债务重组，实现*ST美利（000815）撤销退市风险警示，同时引入民间资本，注入新产业，实现了企业的转型升级，维护了资本市场投资者的利益。

发展一批。将划入企业资产当中有技术和产业前景的业务，从困难企业中剥离出来，培育孵化，重新确立其发展定位：与诚通主业相关的资产，整合清理后并入主业板块；与央企其他企业有同质业务的，清理整合后划出。

比如，中国唱片总公司并入诚通集团后，公司认真诊断公司面临的发展困难，制定重组方案，一方面关停并转扭亏无望的子企业，另一方面，培育发展数字音乐业务模式，使企业摆脱了危机，实现了正常经营，整体划入了中国华录集团有限公司。

再比如，诚通集团重组中商集团所属欧洲商业管理中心，投资建设了中国最大的境外商贸项目——俄罗斯格林伍德国际贸易中心，履行了集团“走出去”战略和国家中俄贸易战略。

中国在俄最大的商贸平台——格林伍德园区

几年来，诚通集团共计变现盘活资产变现近50亿元，整合孵化有效资产477多亿元。

[**链接**]

一家僵尸企业的涅槃重生

中冶纸业集团有限公司（简称“中冶纸业”）原是中国冶金科工集团下属全资子公司，主业为制浆造纸。2012年末，下属21家企业共有产能约130万吨、员工13000余人。

截至2012年底，企业账面资产总额192.96亿元，负债总额185.61亿元，净资产7.35亿，另有潜亏约50亿元，企业实际已经严重资不抵债。旗下上市公司*ST美利因连续亏损，面临退市风险。

企业努力通过提供担保、资金支持、新上项目等多种方法均未能扭转企业困局。

2013年2月28日国务院国资委决定，将中冶纸业划转至诚通集团进行重组。诚通集团在国资委的指导和帮助下，使得中冶纸业重组工作取得重大进展。解决了金融债务145.65亿元；安置了富余人员9100余人，维护了职工的利益和社会的稳定；关停并转子公司18家，淘汰落后产能36.5万吨；3家子公司起死回生。

非公开发行完成后，诚通集团实际控制持有股份的数量从0.85亿股增加至2.3亿股，持股市值从最初的4亿元上升至超过50亿元。美利纸业同时积极引入云计算、光伏发电等新业务，逐步实现转型升级。中冶纸业从典型的僵尸企业涅槃重生，正逐步恢复造血功能，焕发新的生机与活力。

分类处置闲置资产，去产能、调结构，减少企业出血点

1. 资本运作，用活、用好上市公司。一是解除退市风险。通过剥离不良资产、垫款解决债务纠纷等一系列措施，使旗下唯一一家上市公司中冶美利纸业股份有限公司撤销退市风险，成功保壳，为后续运作赢得空间。二是实施非公开发行股份，引入新业务，实现资本大幅增值。通过非公开定向增发股票，将内部约 7 亿元不良债权转为对上市公司的 1.45 亿股优质股权；同时引入战略投资者募集 12 亿元资金用于建设数据中心项目，获得市场认可，资本大幅增值。

2. 引入新业务，转型、提升一批。例如，从当地环境和造纸行业实际出发，转变位于中卫腾格里沙漠的 20 万亩林地定位，将原来定位的工业原料林重新定位为生态公益林，积极探索发展生态、旅游、园林、林下经济作物种植养殖等综合业务，力求使其兼备生态效益和经济效益，争取政策支持，减少企业负担，林地的价值也得到了提升。又如，充分发挥当地资源优势，争取地方政府政策支持，拟开发建设 175MW 生态光伏发电项目，不仅使土地得到高效利用，解决了空置问题，还找到可持续发展的业务，在退出中实现产业结构调整升级。

3. 资产布局调整，退出、聚集一批。一是拟将中冶纸业远离原材料市场和产品市场而闲置的有效产能搬迁到中国纸业的其他优势生产基地，一方面优化生产布局，实现产业集聚效应，另一方面也盘活了闲置资产。二是刮骨疗毒、断臂止血，果断关停处置。对技术落后及不符合环保要求的产能坚决关停淘汰，共计淘汰落后产能 36.5 万吨。三是通过挂牌拍卖等多种方式处置资产回笼资金，对于不属于公司主业、经营状况尚可的下属中冶美利物流有限公司，通过托管及股权转让的方式整合至中国物流有限公司旗下，主辅分离为做强主业奠定基础。

用时间换空间，在发展中解决金融债务问题

划转时，中冶纸业共有金融债务145.65亿元，涉及金融债权人31家，重组工作困难重重：一是“大”，债务金额大，债权人数多；二是“乱”，债权人不顾大局，纷纷查封、冻结企业的资产；三是“压”，债权人采取对诚通集团进行不当“维权”、通过媒体进行不实报道以及给各级领导写信等各种手段给企业施加压力。按照企业当时的资产状况如果简单处理，金融债权人的清偿比例不超过10%，为了维护金融稳定，从大局出发，诚通集团在国资委、银监会等多方的协调和帮助下，创造性的化解了金融债务危机。

1. 保护资产，公平维护债权人利益。为了避免部分债权人通过查封等手段哄抢企业资产，导致大部分债权人的利益受损，诚通集团第一时间通过一系列司法手段对中冶纸业的主要资产进行了保护查封，为接下来的债务重组工作奠定了基础。

2. 成立债委会，创新工作机制。在无法进行破产保护的情况下，通过国资委和银监会协调，成立了金融债权人委员会，并形成了跨部门的沟通协调机制，从而促进了金融债务问题的统一解决。

3. 分板块解决，创新重组思路。打破债务主体的界限，根据其实际情况，将金融债务分为上市公司板块、山东板块、本部板块（含中冶纸业本部、上海公司、浆纸公司等无法继续经营的债务主体）分块研究债务重组方案和解决措施。

4. 分类解决，最大程度减少债权人损失。按照“以时间换空间，在发展中解决问题”的重组策略，通过分块分类的解决方案，确保了银行贷款本金不受损失：山东板块按照有效资产承接同等金额债务的原则转正常一部分并减免利息，缺口部分停息挂账，用日后的经营收益偿还；上市公司板块确保其按期偿还，避免出现债务逾期、诉讼等，为资本运作创造条件；无法持续经营的本部板块，其金融债务的解决以上市公司股权为依托，在减免利息的基础上，通过发放长期低息银团贷款替换不良贷款；对于金额较小的金融债务，通过协商以本息打折（五折）的方式解决一部分。

以人为本，多方联动，妥善安置员工，维稳工作有成效

划转时，中冶纸业员工约13000人，年人均产能仅百吨左右，不及先进企业的1/10，生产效率低，负担沉重，一些停产已久的公司和车间，仍然在为职工发放工资，缴付社保。为妥善安置职工，压缩富余人员，从2013年5月起，中冶纸业系统陆续启动人员安置工作。

1. 依法依规，公开透明。严格遵照《劳动合同法》和国家及地方现行法规政策，程序规范到位，不打埋伏、不越红线；构建政府、企业、员工的三级联动机制，取得员工对企业面临困难和分流安置工作的理解，党政工团多管齐下，各级领导亲赴职工安置第一线，安抚被安置职工的情绪，同时主动向当地政府说明情况，争取政府对安置工作的支持。

2. 分类处置。一是对停产和拟关闭注销企业，采取全员安置方式，大部分员工以工龄补偿方式离开企业，一部分其他兄弟企业发展需要的可用人才，通过双向选择，转移安置重新上岗，还有部分不符合安置条件的员工采取内部退养等方式。此外，对部分具备条件的拟停产或已停产小机台，鼓励被裁减员工多方合作，以租赁经营等方式重新开机运行，在降低企业成本负担的同时，促进了部分小机台的人员安置。二是对达到当地政府部门认定的“生产经营严重困难”企业，实施经济性裁员。

加大研发投入，调整产品结构，增强企业竞争力，提升盈利能力

中冶纸业旗下美利纸业坚持在新产品研发上下功夫，通过丰富特种纸色系和新功能产品的开发，加大高毛利、高附加值新产品的开发力度，提高“色”纸占比，逐步淘汰无毛利、低毛利产品，压缩竞争激烈的文化纸产量，促进公司产品结构调整。

积极履行央企社会责任，加大环保投入，确保达标排放

美利纸业从大局出发，主动关停自制浆和碱回收生产线，承受了资产损失和成本上升的双重压力。在企业经营资金极度匮乏的情况下，三年来累计投入超过2000万元，先后对脱硫设施、污水深度处理系统、电除尘、脱硝、污泥深度压榨等项目进行改造，为中卫市节能和减排工作做出了重要贡献。

结合对中冶纸业重组的一些探索和工作，对于僵尸企业重组有一些启示和建议：

坚持市场化原则进行企业的重组整合

中冶纸业的重组经验表明，政府在推动重组进程中发挥了组织、领导、协调等重要作用，但是企业重组不能一味地“等、要、靠”，必须充分发挥市场这只无形的手在资源配置等方面的决定性作用，充分调动各方的积极性，开动脑筋想办法，才能找到适合企业长远发展的解决之道。

充分发挥资产运营平台的专业化优势

将僵尸企业交由资产经营平台进行重组，有利于发挥国有资产经营公司在资源整合、处置变现、资本运作以及人员安置等方面形成的专业化优势和团队优势；有利于僵尸企业原所属集团免于陷入债务危机，甩掉包袱，轻装前进。

重组工作要以可持续发展为终极目标

从中冶纸业的重组经验看，无论是股东、债权人、员工还是当地政府，都不希望企业破产清算，否则不但各方利益受损，还会造成许多社会问题。因此在各方共同承担损失，共同提供支持的基础上，通过重组整合、转型升级实现企业的可持续发展才是多方共赢的终极目标。

相关各方要支持企业重组从而形成合力

以中冶纸业为例，企业重组工作涉及金融债务重组、安置富余人员、淘汰落后产能、企业转型升级等多方面的工作，如果没有国资委、银监会、债权银行、地方政府等方方面面的大力支持，单凭企业的一己之力是无法完成的。“众人拾柴火焰高”，只有相关各方心往一处想、劲往一处使，形成重组合力，才能成功完成企业的重组工作。

资本运营探新路

确定为资本运营公司试点后，诚通集团围绕国家战略，以服务国有企业结构布局调整，提高国有资本整体运营效率，实现国有资产保值增值为宗旨，探索新的运营模式。

马正武提出，诚通集团履职的方式包括如下五个方面：

一是在供给侧结构性改革过程中参与资源整合

比如，诚通集团与中国国新、中煤集团、神华集团共同出资组建的中央企业煤炭资产管理平台公司即国源煤炭资产管理有限公司已经成立运行。平台公司的主要任务是贯彻落实党中央、国务院关于供给侧结构性改革重大部署，推动中央企业化解煤炭过剩产能和实现煤炭产业脱困发展，推动优化整合涉煤中央企业煤炭资源。

诚通集团已经成立了基金管理公司，组建以中国国有企业结构调整基金为核心的基金组合。马正武说，该基金一期募集规模为1000 亿元，将在引导社会资金参与国企改革，落实国家布局结构调整等方面发挥积极作用。

此外，按照《关于深化国有企业改革的指导意见》的要求，投资运营公司要参与新兴产业。“我们正在探索，但投的量不是特别大，比如中储智运，互联网企业我们也作为主要的投资比如新能源物流车。”

二是参与企业瘦身健体，探索“僵尸企业”处置新模式

在成功处置中冶纸业、中铁物资等困难企业后，诚通集团已经在这方面积累了丰富经验。基于此，未来诚通集团有望承接更多这方面的任务。

为了更好地完成这一任务，诚通集团正在抓紧增立金融板块，建立以财务公司、基金、保险、银行、金融资产管理公司为核心的诚通金融板块，畅通资本运作渠道，广泛吸纳社会资本，放大国有资本功能，形成支持国有资本战略布局投资和国有企业结构调整的资本运作能力。按照国有资本运营公司定位，继续推进资产证券化，增强资产流动性，强化资本运作，加强市值管理。充分利用多层次资本市场，加快非上市资产、股权实现证券化；对难以实现资产证券化的资产，通过产权交易等资本市场，以市场公允价格实现资本形态转换。

三是积极“走出去”参与国际经营

马正武表示，作为资本运营公司，诚通集团不仅要提高自身业务的国际化水平，还要通过资本引导作用，与其他中央企业一起走出去。

具体到诚通集团自身，走出去的核心业务为物流、商贸。商贸方面，诚通集团的重要对外投资是俄罗斯的格林伍德项目。目前，这一项目已被列入中俄两国合作框架，成为在俄中企的总部基地。

物流方面，诚通集团正在不断加码。2016 年 1 月 1 日，诚通集团下属中储发展股份有限公司历经 3 年的不懈努力，成功收购了创立于 1794 年的伦敦金属交易所（以下简称“LME”）创始成员——英国 Henry Bath & Son Limited（以下简称“HB”）51% 的股权，成为目前全球唯一拥有包含上海期货交易所（“SHFE”）、伦敦金属交易所（“LME”）、洲际交易所美国期货分所（“ICE Future U. S. ”）等多个国际交易所资质认证的交割仓库运营商。

四是积极参与经营性国有资产统一监管

重点是承接部委所属企业。

五是积极参与上市公司重组

近几年，诚通集团先后参与了中国北车、中国通号、国药控股等企业的改制上市。

中储股份繁忙的货场

转变管控职能

成为国有资本运营公司试点，对诚通集团自身的管理架构、管理体系等提出了新的要求。为此，诚通集团积极进行内部变革，以适应形式的变化。

2016 年年初，诚通集团提交了“资本运营公司改组总体方案、国有企业结构调整基金组建方案同步推进”。在国务院国资委指导下，经过反复讨论和几十次修改，方案经诚通集团董事会审议后，已上报国务院国资委，基金组建方案已经得到批复。

优化决策机制

诚通集团是国资委出资企业中最早的一批董事会试点企业，也是最早聘用外部董事比例过半的央企。完成这一突破后，诚通集团得到了国资委对建立规范董事会企业的授权。

马正武表示，建立董事会是能够在规范和效率之间找到较好平衡的治理方式，“诚通这些年的发展，很大原因就是董事会体制的支撑”。

当前，诚通集团提出，要按照资本运营公司的定位，进一步完善董事会结构，强化专业委员会作用，增强资本运营的专业决策能力。把总部改组成为规模精简、运作专业、运转高效资本配置和资本运作中枢。

重塑管控架构

按照新的定位，诚通集团提出，总部调整自身履职方式，对所出资企业，以资本为纽带，以产权为基础，依法行使股东权利。

在此之下，组织架构采用前中后台模式设计：前台部门作为资本运营价值实现的核心操作部门，承担持股管理、股权运作、股权融资、股权管理、金融理财等资本运营核心业务；中台部门作为资本运营价值实现的关键支撑部门，通过承担资产管理运作、战略研究、风险防控、综合协同等任务为资本运营提供有力支撑；后台部门作为资本运营价值实现基础保障部门，在党的建设、廉洁监督、人才队伍建设、综合服务等方面为资本运营价值实现提供基础保障。

在履职过程中，诚通集团通过派出董事、监事等方式，依法履职，承担积极股东职责，通过送达《管理建议函》和《风险提示函》等市场化方式发挥积极股东作用，该管的绝不缺位，不该管的绝不伸手。总部聚焦关注国有资本流动和增值状况，注重资本结构调整，关注资本安全。所出资企业拥有独立法人财产权和自主经营决策权，以市场为导向，提高市场竞争能力、价值创造能力和股东回报水平。

强化激励机制

诚通集团提出，将全面改革现有用人、考核和分配模式。按照资本运营业务特点，拓宽选人用人的视野和渠道，建立分级分类的职业经理人市场化招聘制度。实行内部培养和外部引进相结合，畅通既有经营管理人员和职业经理人的身份转换通道，尽快打造一支熟悉资本运作的专业领军人才队伍。改革现有分配制度，对所出资企业领导人员实行与选任方式相匹配、与企业功能性质相适应、与经营业绩相挂钩的差异化薪酬分配办法，实现薪酬分配公平和效率的统一，有效激发经理人员的创造力和工作激情。

强化党建

诚通集团修改了公司章程，明确了公司党委在公司治理结构中的法定地位。集团党委通过认真履行重大决策和重要工作建议权、干部提名推荐权、拟任人选考察权等职责，支持董事会决策，发挥自身的政治核心作用。通过积极配合监事会工作、履行党风建设主体责任，支持监事会履行监管职能，发挥自身的保障监督作用。

在所属企业层面，诚通集团进行分类管理：对于控股企业严格按照“四个同步”规定设立和健全党组织，党组织发挥政治核心作用。对于参股企业，积极联合其他国有参股方积极就保障和加强党的工作开展向控股方提出意见建议；属于市场化投资参股的，将保障和加强党的工作开展作为参股前置条件，参股比重较大的将选派党组织书记作为参股前置条件；对于改制重组、破产关闭企业，按照改制重组、破产关闭企业党组织工作流程，开展好党建工作。

加强资产监管，打造“阳光诚通”

马正武表示，资本安全是国有资本运营管理的核心。为确保在改革发展过程中国有资产的保值增值，诚通集团提出，要建立与公司战略目标、盈利目标和国有资本运营公司定位相匹配的内控监督检查系统，实现运营过程监督全覆盖，防范国有资产流失。

马正武说，诚通集团将在前期公开年报和治理报告的基础上，增加国有资本运营公司信息公开内容，依法依规、及时准确披露国有资本运行、公司治理及管理架构、经营财务状况等信息，主动接受社会监督，成为名副其实的“阳光诚通”。

[**链接**]

马正武：解析资本运营公司

经过之前多轮改革，国企领域遗留下的问题几乎全是硬骨头、敏感点，改革起来风险高、难度大。在某种程度上，仅依靠当事企业自身的力量，已经不足以解决相关的难题。

为此，国务院国资委开展了国有资本运营公司试点。试点企业一项很重要的任务，就是为国资国企改革大局服务，解决改革过程中出现的难点、敏感点问题。

企业生老病死在所难免，古今中外概莫能外。诚通过去一直定位为“国企改革的马前卒”。现在要成为“国有资本结构布局调整的抓手”，把资产变成资本，把不能交易的变成可交易的。换言之，就是形成资本、管控资本、运作资本。

诚通要干什么

管人、管事、管资产相结合到管资本为主，这一概念的提出，既是对企业的解放，也是当前整个经济环境的必然要求，也是对出资人的一种约束。在这一变化过程中，资本投资运营公司将起到承上启下的作用。

资本要有投资性、盈利性、战略性。资本的形态是管控资本必然要产生的。诚通过往搞资产经营就是形成资本的过程。

管控资本有一系列法规约束。要按照出资额承担义务、履行责任、享受收益。责任明确、风险承担。当前，国企面临的局面刚好与之相反，即责任无限，生老病死都要包管。

诚通未来的职责就是形成资本、管控资本、运作资本。

诚通组建的基金为“中国国有企业结构调整基金”，结构调整就是一种资本的流动，在流动中实现国有资本的布局优化，推动国有资本向关系国家安全、国民经济命脉和国计民生的重要行业和关键领域、重点基础设施集中，向前瞻性战略性产业集中，向具有核心竞争力的优势企业集中。这就是诚通下一步发展的方向。

到2020年，资本运营公司要探索形成可复制的、有一定范式的东西，比如资产怎么配置、在国有资本布局结构调整的路径怎么来实现。

具体怎么做

诚通在资产经营当中坚持人资分离、要素分解、重新配置，这些都是规律性的，不是诚通的创造。特别是没市场前景的企业，土地、资产等的用途都要重新界定，人员要安置。现在供给侧结构性改革的核心是要素的重新组合，通过要素重新组合才能产生经济的新动能。要素性的改革不是物理性的，是化学性，比如人资分离，就是资产与员工的重新调整、重新布局，从供应链上的重新优化。

资产证券化是诚通的基本要求。我们现在对所出资企业基本的要求就是多元化、证券化、专业化：第一，股权设置要多元化；第二，能上市的上市。因为证券市场规范性相对来说是最好的，比一对一和一家出资的要好得多。

资本运营公司一定要在资本投入上量力而行、分散而行。但是在管控资本、追资本的这种事一定要尽力而为、千方百计，别“投钱的时候千方百计，管的时候吊儿郎当，回钱的时候拍屁股走人了”。

诚通得到了什么

资本运营公司是什么？就是资本结构性调整和资本流动的平台。这就意味着，我们干了很多事但不一定最终拥有。比如煤炭整合平台，运作完了该退的退、该并的并、该调的调，就是要在国有资本流动上做文章。

2007 年就有人提出说：“整合困难企业诚通费力还得垫钱，诚通得到了什么？”

任何一家企业都要给经济带来价值，国有企业尤其如此，诚通的价值就是整合，从而服务经济、服务社会，这一价值观也应该得到更广泛的认可。比如国外日本的再生机构，它的任务也是整合困难企业，整完就是完了，并不追求得到什么。

具体到诚通集团，整合过程中有一些资产流动了，但是诚通还拥有股权。运营公司通过什么挣钱？就是要通过交易、流动、升值挣钱，要通过市场化运作资本获得收益

由于业务的特殊性，国资委过去对诚通的考核是有区别的。一是除了一般性经营指标，还单独给设置了资产经营工作的考核，二是在整体工作的难度系数上有调增。

下一步随着分类管理的落实，相信对诚通的考核会更加的科学、细化。

（撰稿：刘青山）

[专家点评]

刘纪鹏

中国政法大学资本金融研究院院长、教授、博士生导师，中国企业改革与发展研究会副会长

《关于深化国有企业改革的指导意见》明确提出“以管资本为主加强国有资产监管”“以管企业为主向以管资本为主转变”，这就为未来的国资改革奠定了主基调。目前，我国的市场经济已经从商品经济进入到资本经济的阶段，资本经济以资本为核心，管资本是管理经济的最高境界，管企业只是初级阶段。因此，国企监管迫切需要实现从“管国企”到“管国资”的攻坚战。

十多年来，诚通集团作为国有资产运营公司试点以来，在某种程度上就扮演了改革的“接盘侠”角色，接管了国资委交付的多项艰巨任务，将寰岛集团、普天8家企业、华诚公司、中冶纸业等面临发展困境的企业进行清理整顿，人资分离处理后，使得人员得以安置，企业起死回生。不敢想象，假如没有诚通这样的“大后方”，上述企业和职工将会陷入怎样的境地，带来怎样的影响。

更重要的是，诚通集团在此过程中摸索出了一整套资产处置的方案，建立了资产处置的系统平台。诚通集团自身也得以发展壮大，

并赢得了很高的社会声誉。

新时期，随着供给侧结构性改革和国企监管变阵，将会有更多企业继续进入调整乃至退出的行列，海量国有资产呼唤更为广阔、有力的大后方，以期“化劣为优”“变废为宝”。诚通集团已经做好了这方面的准备。

诚通集团将以“国有资本结构布局调整的抓手”为定位，一方面调整自身职能和机构，一方面组建国有企业结构调整基金组合，力图打造一个中国央企资产的坚强大后方，为国企改革消除后顾之忧。

10. 北京首都旅游集团有限责任公司

“有破有立”是国企改革突破的关键

外部董事比企业自己的董事还要多；不再一家独大当“老板”，而是引入更多所有制形式一起当“老板”，让“外来的和尚”更好地念好“自家的经”；首先打破传统出租车经营模式，用手机 APP 下订单、不再沿街扫活、司机不再交份钱。乍一看以为这是哪个新兴的互联网创新企业，而实际上这是有着几十年历史的北京大型国有企业——北京首都旅游集团有限责任公司（简称“首旅集团”）正在不断推进的企业改革创新。

而这种改革的彻底性和颠覆性可以说是“自己在革自己的命”，实现了国企改革在质上的突破的做法。首旅集团的发展历程就是一个“因改革而生，靠改革而强”的过程。1998 年，为推进北京旅游业体制改革，成立了国有独资的首旅集团，并逐步发展成为以投资旅游服务业及相关产业为核心的战略性产业投资公司。因此可以说，正是改革催生了首旅集团。而集团成立的 18 年来，在不断深化国有企业改革的推动下，首旅集团在市场化改革中“有破有立”，破的是国企的“政治身份收益”，立的是企业的“市场主体属性”。

不断深化国有企业改革伴随着首旅集团整个发展过程。2014 年 8 月，北京市国资委将首旅集团列为深化董事会建设、完善现代企业制度改革试点单位，也是北京市市属竞争类国企中唯一一家试点企业。这使首旅集团获得了一次极好的改革发展的机会。按照现代企业制度要求，首旅集团坚持“品牌 + 资本”的发展战略，经过创建改制、战略重组、打造核心竞争力等发展阶段，基本构建了相对完善的综合旅游服务产业体系，基本完成了“资产重组、业务整合、创新体制、转变机制”四大基本任务，实现了从行政“翻牌”公司逐步向现代企业的转变，实现了跨越式的高位发展，实现了从地方国企向全国性综合商贸旅游企业的转变。

目前，首旅集团经营业务涵盖了酒店服务、餐饮服务、交通服务、商业服务、旅游旅行服务及旅游地产六大主营业务板块。2015年，首旅集团总资产突破500亿元，营业收入突破380亿元，约占北京市旅游总收入的8%，资产证券化率达到25%。2016年，首旅集团在全国20大旅游集团中名列第6位，在中国服务业企业500强中名列第102位，在中国500最具价值品牌榜排名第72位，品牌价值400多亿元，位列旅游服务业第2位。

促进“放管结合”

“改革和发展是不可分割的，没有无改革的发展，也没有不为发展的改革。改革以发展为主题，不能搞没有发展内容的改革，同时，不做根本性大刀阔斧的改革也不可能取得大的发展，必须以发展为理念来进行改革。”首旅集团党委书记、董事长段强表示。

首旅集团是属于处于充分竞争行业和领域的商业类企业，外部环境的变化对企业经营发展影响巨大。从2013年下半年起，特别是政策调整和互联网经济的迅猛发展，对长期以来以传统服务为主业的首旅集团来讲，市场发生了根本性的深刻变化，各传统业态板块都遇到了前所未有的困难，营收和利润指标在首旅集团发展史上首次出现了拐点。

“面对困境，我们再一次认识到只有进行业态、商业模式的转型升级和体制机制的转型变革，才能使我们破茧重生。因此从2014年起，我们确立了变革创新的工作主基调，从集团层面大力进行所有制和管控模式的改革。”段强介绍。

深化董事会建设

在改革正式启动之前，首旅集团董事会按照“资本运营上移，实体经营下移”的原则，打造了“由同级董事会与经理层对接，上一级经理层对接下一级董事会”的新运营管控链条，建立了向所属企业委派责任董事的工作机制，使集团意志通过派出董事实现，将集团的管控模式由“运营型”调整为“战略型”，逐步实现由“管理”向“治理”的转变。

“通过深化董事会建设，真正实现了国有企业管理去行政化，形成了以董事会为核心的法人治理模式”，首旅集团党委副书记、副董事长、总经理刘毅介绍，深化董事会建设的核心任务就是“落实董事会职权”，并从“权力的分配”“权力的运行”“权力的监督和制衡”三个方面开展工作。

作为北京市国资委率先启动的深化董事会建设、完善现代企业制度试点工作中的首批三家试点企业之一，和以前相比，首旅集团现在的董事会拥有22项职权，在董事会的构成、经理层副职的聘任、考核和薪酬管理权、专委会建设、财务预决算权、战略规划制定权、外部董事专项提案权等方面做了明确的调整和约定。董事会成员由9名扩展为11名，形成了由5名内部董事、6名外部董事构成的较大规模的董事会。在新董事会下，设有提名、审计、考核薪酬、战略投资、预算风控5个专业委员会，除提名委员会外，其他4个专业委员会的主任委员均由外部董事担任。

“以前国有企业决策更多的还是内部人决策，现在董事会超过一半数多的人都是外部董事。专业委员会未通过的事项，不能上提交董事会审议，总经理办公会通过的事项要经过专业委员会，如果专业委员会认为不妥，则必须要打回去重新来过。”刘毅表示。

从近两年的实践来看，首旅集团的董事会改革取得了三点成效，一是进一步健全规范了董事会的组织制度，二是进一步完善和强化了董事会的决策职能，三是进一步激发提升了董事会的工作活力。

推进国有产权流转

推进竞争行业和商业类国有企业国有产权流转是深化国有企业改革、建立现代企业制度的一项重要内容。2014年，国务院国资委印发《关于促进企业国有产权流转有关事项的通知》，2015年底，国资委、财政部、国家发展和改革委员会联合印发了《关于国有企业功能界定与分类的指导意见》，意见中再一次明确，对主业处于充分竞争行业和领域的商业类国有企业，要支持和鼓励发展有竞争优势的产业，优化国有资本投向，推动国有产权流转，及时处置低效、无效及不良资产，提高市场竞争能力。

北京市国资委为了促进企业国有产权流转，经过全面考察，在确保国有资产不流失的前提下，将首旅集团确立为国有产权流转试点改革单位。为了保证试点工作规范有序开展，首旅集团首先制定了完善的集团产权管理制度体系，本着“用管理制度规范工作行为”的思路，首旅集团制定了“1321”制度，即集团制定1个产权管理基本制度，并按不同的产权管理行为制定了3个管理办法、2个工作程流程图和1个工作流程表。

对于在产权登记方面存在瑕疵的历史遗留问题企业，首旅集团集中进行分析与汇总，寻求解决方式。经过深入研究与梳理，对问题企业进行分类，首旅集团拟将分批次逐步解决，严格按照市国资委的要求对无明显瑕疵的事项，或实质性判断不存在国有资产流失的，最终履行首旅集团审批程序后予以登记。

财务审计与资产审计评估是产权流转过程中的重要环节，是企业进行重组、合并、收购、转制、清算等过程中确定企业价值的关键。首旅集团通过筛选确定了具有优秀资质的审计及评估机构各9家，经首旅集团总经理办公会审议通过后，上报市国资委进行备案。企业在开展业务时，须从指定范围内选聘3家中介机构，通过竞价确定后提交首旅集团总部备案。涉及特殊项目的，若现有中介机构无法满足业务需求，须经首旅集团审批后，方可另行选聘。

2015年7月至今，首旅集团在北京市国资委授权范围内，履行集团内部审核程序后，共审核通过产权流转事项5682个。其中，向国资委上报申请核准项目7个，自行批准评估备案项目89个，批准协议转让项目3个，批准无偿划转项目4个，审核通过产权登记共计3459个，涉及产权总金额近150亿元。

产权流转试点后，首旅集团主要自主进行了3次业务整合，包括华龙旅游实业事业发展总公司与北京农业集团进行重组，将北农集团整体划入华龙公司，成为华龙总公司所属的全资子公司；将北京绿野晴川野生动物园有限公司划入北京华龙景区旅游开发有限公司，整合了景区资产；对王府井商业区周边优质资产进行整合，将北京饭店、贵宾楼饭店、紫金置业等进行重组，纳入丰盛世纪置业公司。

实践表明，首旅集团的国有产权流转试点为集团内部资产重组及国有产权置换开辟了快捷通道，项目审批周期比放权之前平均缩短了近七成。通过产权流转试点的实施，一是增强产权流转时效性，节约了时间成本；二是促进了企业整合，优化了国有资产结构；三是加快退出低效资产，提高了国有资产活力，提高了资本配置效率，提升了国有资本市场价值。

推进混合所有制发展

在深化董事会建设、推进国有产权流转的同时，首旅集团还积极推进企业混合所有制发展，使国有资本有序进退，促进体制机制创新，切实激发企业经营活力。

“在进行了董事会改革、推进国有产权流转试点之后，一段时间以来整体运行得很成功，使首旅集团的决策更专业，更符合市场情况。而首旅集团所处的服务行业市场竞争激烈，在这个两项改革的基础上，加大对下所属企业包括板块企业的混合所有制改革的运作，成为首旅集团改革的必然需要。”段强表示。

2016 年 4 月，如家酒店集团与首旅集团首酒集团旗下全资子公司（首酒开曼）正式完成合并，如家酒店集团成为首旅酒店的控股子公司。而此次合并标志着这场时间跨度近一年的跨境私有化交易画上了圆满的句号。首旅酒店与如家正式开启合作新篇章，这对于首旅酒店集团实现资源整合，优势互补，扩大规模，丰富品牌体系，参与国资国企强化主业剥离非主业资产，参与国际酒店管理市场再调整等，均具有十分重要的战略意义。

“选择收购如家，主要是看中了如家的品牌影响力、网络资源优势和国际化视野，以及纯粹的市场化经营机制，符合国企改革方向和首旅集团发展需求。同时，并购完成后，携程成为首旅酒店集团的第二大股东，促进了首旅酒店集团市场化经营机制的转换，放大了国有资本功能，提高了国有资本配置和运行效率，实现了各种所有制资本取长补短、相互融合、共同发展的目标，为集团产业整合、资产盘活、效益提升、持续稳定发展提供了新动能。”段强说。

“下一步，首旅酒店集团将按照市场化原则，建立完善的法人治理结构和激励约束机制，进一步推动线上线下业务融合，提高产品质量和服务水平，提升公司市场价值。”段强表示。

跨境收购如家，是首旅集团有效推进混合所有制改革、推动国有资本有序进退、促进体制机制创新的大胆尝试和积极探索。首旅集团的经验表明，发展混合所有制经济，国有资本有进有退、合理流动，不是搞私有化，混合所有制经济是基本经济制度的重要实现形式。发展混合所有制经济既可以“引进来”，又可以“走出去”，按照市场规律有序进退。

落实创新驱动战略

在深化董事会建设，推进混合所有制改革，不断使企业的体制机制更加符合市场机制的同时，首旅集团还十分重视“互联网+”的推广和应用。目前首旅集团的各个板块业务无一不被“互联网+”所覆盖。而这不仅是技术上的提升，更是促进企业在经营模式、管理方法等体制机制上的创新和改革。

随着消费者在出行上的需求日益多元化，以及互联网技术对传统出租汽车行业所带来的冲击，2014 年，首旅集团对旗下首汽集团做出在汽车出行服务产业加速发展的战略调整，首汽开始研究出租车业态的调整转型，依托六十多年的服务经验积累，以移动出行产业为突破口，带动传统产业转型升级。经过两年多的实践，首汽大胆摒弃了旧有的经营方式，摸索出全新的发展路径，确立了“实业+互联网+资本”的发展模式，形成了全新的移动出行产业格局。

逼出来的改革

随着互联网技术的突飞猛进，人们生活的方方面面都在发生着变化，尤其是在出行方面，技术的发展解决了乘客和车辆之间信息不对称的难题，各种各样的互联网出行服务方式应运而生，保持了几十年的传统出租车行业感受到了巨大的竞争压力。

“这种改变是被逼出来的，”首汽约车首席执行官魏东表示：“其实首汽约车模式的改革创新，最主要的原因还不是来自滴滴、优步等互联网出行服务的压力，而更多的是为自身生存发展考虑。”

其实延续了几十年的传统巡游出租车的模式之前已经面临着经营困境。“出租车的承包金是很早就规定死了的，这里面包含车辆折旧、六险一金、管理成本等各种费用，从2015年开始单班车的支出成本已经开始大于承包金，”魏东介绍：“由于价格、承包金、出租车数量都是政府规定的，没有办法改变，所以企业只能通过降低成本来维持运营，而降低成本的途径只有两个，一个是降低管理成本，一个是降低车辆维修等成本，但到了现在，基本已经没有降成本的空间了，传统巡游出租车的模式已经很难有增长的空间。可能在二、三线城市，社保标准没那么高，还偶有盈利的空间，而在北京、上海这样的一线城市，传统出租车已经很难有盈利的空间。”

另一方面，单一的巡游式出租车已经很难满足多样化的市场需求。“以前说到打车难，其实并不只是出租车行业自身的问题。北京城区 6 万多辆出租车，再加上郊区县的大概有 7 万多辆出租车，可以说是世界大城市中出租车保有量最多的城市之一，而保有量不少，为什么还会有打车难呢？一方面是城市功能过度集中在中心区，早晚高峰交通潮汐效应明显，另一方面，就是传统出租车一直都是承包经营制，司机的随意性比较大，这样就会导致司机的逐利行为。”

根据首汽集团的数据显示，集团预计按照目前的传统出租车经营状况，2017 年底，双班出租车就会开始出现亏损；而且出租车司机的收入也在下降，导致出租车驾驶员开始大量流失。

面对新的服务需求的增长、传统出租车经营模式的困境，以及伴随着互联网技术的快速发展，首汽集团主动寻求变革，开始企业的转型升级。

实际上，首汽集团实施互联网出行并不比滴滴晚多少，而那个时候优步还没有进入中国。滴滴是 2014 年下半年开始从事专车服务的，首汽集团也是在 2014 年着手研究传统出租车业态的调整转型及

首汽租车为“两会”代表提供出行服务

消费者出行多样性的需求，一方面线上自主研发平台技术，订制开发针对中高端差异化出行需求的网络预约出租车服务产品，一方面在线下对传统巡游出租车进行转化。

网络化约车平台在上线前，首汽集团动员了企业所有员工、家属、企业用户一共2.7万人，进行了超过10万单的内部测试，对平台功能和效果进行检验。到2015年9月16日，首汽约车开始正式上线。截至2016年7月25日，首汽约车全国车辆规模已经达到近9000辆，全国累计注册用户260多万，日完成订单近54.4万单。

“2014年9月底，交通运输部明确要加快网约车发展，给了我们一个发展的契机，服务的模式得到了提升。”魏东表示，与传统的出租车相比，首汽约车实行的是派单加预约的服务模式，这样就杜绝了司机挑活拒载等情况的发生，而且司机不再是承包人，而是成为公司员工，有底薪、有提成，六险两金、企业福利等一应俱全，工作有时间有规律，有休息日，司机的责任心也增强了。再加上与其他互联网出行服务企业不同，首汽约车的车辆和驾驶员都是有资质的，能够保障运营安全。

差异化市场催生新业态

互联网的技术实现和人们差异化出行服务的需求是网络约车等新兴出行服务发展壮大的基础。

目前首汽约车已经开发出预约用车、即时用车、代人叫车、接送机、预约巴士等服务产品，经营网络遍布全国22个重点城市。例如，首汽正在试点推出的无障碍多功能用车服务，在很大程度上解决了残障人士、老年人特殊群体出行困难的现状。同时专门对司机进行更具针对性的技能和思想培训，如无障碍多功能车的使用、对行动不便者的关照和尊重等，始终把人文关怀的高品质服务放在首位。

首汽约车与厦门一家企业达成合作，在厦门机场共同推出接送机服务产品。同时，双方还将在机场穿梭巴士领域展开合作，提供机场往返酒店的巴士服务，实现线上售票功能，厦门机场旅客将来可直接使用 APP 购买穿梭巴士的车票。双方的合作是首汽约车“大出行”战略中“空陆联运”场景的一次重要尝试。而未来，在首汽约车的“大出行”战略布局中，将计划打造一个高铁、机场及大巴的立体交通网络。

2016 年内，首汽约车还将持续优化系统服务，开发就医服务、上下学服务、会议服务等个性化服务产品。全国车辆规模将达到上万辆，其中北京地区 5000 辆，继续开发 17 个国内重点城市，实现网络覆盖 39 个重点城市。

打破壁垒 释放活力

作为首汽约车的首席执行官，魏东之前的履历一直都是在 IT 企业和跨国公司工作，而此次，为什么没有选择一个自己相对熟悉的互联网约车企业，而是来到首汽约车这个带有国有企业背景的公司？

“当时也有一些互联网的出行企业可供选择，最后选择首汽约车也是有着很多的原因”，魏东表示，最初也有担心，担心国有企业僵化的问题，担心人员关系复杂。

“但最终发现这些都不是问题，首汽的团队是一支能战斗的团队，首汽集团上上下下自己主动想改革，有改革的决心和信心。而且真正和国企接触、和国企的职工接触后才发现，其实国企真不缺人才，国企的职工不是没有想法，谈起市场、技术、新模式都头头是道，非常了解。同时国企不缺资源，只是可能以前没有一个环境来放开手脚。有资源、有人才、有改革的决心，就能够把之前的一些壁垒打掉，激发出企业的创造性和活力。”

出行服务市场是一个高度竞争的行业，必须以市场化的规律去运营和服务。首汽集团清楚地认识到了这一点，所以给了首汽约车平台足够大的自主权和决策权。首汽约车的运营团队完全是按照企业的需要，在市场上招聘的各种IT、市场和运营人员。

“互联网公司的特点就是快，反应要快、决策要快、研发要快，所以集团的决策层给予了完全的自主权，不干涉平台的经营运作，完全让市场化的团队按照市场化的打法去做，首旅集团以及首汽集团更多的是依托集团资源对平台进行资源输出，解决平台的后顾之忧。”魏东介绍，例如车队的管理，在这个方面互联网团队是没有经验的，而首汽集团有着65年的出租车经营管理经验，就输送大量有经验的管理人员来进行首汽约车车队和驾驶员的管理，包括驾驶员的安全培训、思想教育工作教育等。

另外，首汽约车还打破体制壁垒，推进企业的混合所有制改革，在用人机制、管理模式、风险管控、商业模式和资本运营等方面完全市场化。首汽约车引入了新浪等社会资本的进入，而且2015年完成了A轮融资，力图引入股权激励机制，目前正在进行B轮融资，引入战略投资人，增强企业的资源和渠道优势。公司的市场估值快速增长，市场资本进入积极，在机制优化和资源支持等方面为企业发展带来了新动力。

而且，首汽约车还打破以往企业之间封闭式的竞争格局，力图将首汽约车打造成一个开放的平台，吸引更多的志同道合者加入。“未来会陆续有一些战略合作的发布，希望让所有合规企业一起来做这件事，希望所有兄弟单位能一起走出这一步。”

站在国企肩膀上

“国企传统优势和‘互联网 + ’的有机结合是首汽约车一个独特的优势，我们是站在国企肩膀上的创新平台。”魏东说。

魏东表示，首先是国企的团队能力很强，对企业有着很高的归属感和认同感。“感觉国企的职工都挺朴实单纯的，待遇不高、任劳任怨，这样的企业焕发出员工的主动性和创造性能力是非常有战斗力的。”

而老国有企业所积累的优良传统和管理经验也是公司发展的一个重要基础。首汽约车严格按照规定合规经营，保障车辆的合法资质，并且对司机严格进行前置审批，保证司机的服务标准，要求司机早高峰、恶劣天气必须保证出车率，而且杜绝加价行为。这个管控能力是单纯的互联网出行平台做不到的。

同时，司机的文化素质参差不齐，脾气秉性各不相同，如何做到服务的到位和标准化，首汽传统出租车经营的管理经验就发挥出来了。“比如有的司机爱聊天，有的就比较闷，怎么能让爱说话的别说得太多打扰到乘客，让不爱说话的也要起码做到主动向客人问好、主动询问乘客是否需要充电服务、是否要水、是否需要 WIFI 等，不能一声不吭。这就需要把以前首汽的管理培训经验拿过来。”

首汽租车推出分时租车服务

魏东介绍，比如帮扶老人、拾金不昧等优良传统，首汽约车都保持并发扬光大，包括送归高考证，还有好几个大使馆都写来感谢信，感谢首汽约车的司机帮他们找回了失物。

另外，依托母体首旅集团的酒店、餐饮、旅游等业态，首汽约车的出行服务可以将其串接起来。比如为首旅旗下的如家酒店提供接送机服务，对于首汽约车来说不用花费成本去推广客户，而对于如家的客人来说可以节省出行成本，形成双赢。

“这些国有企业的积累和资源都是首汽约车未来发展的强大支撑，新的市场需求、消费形态已经出现了，对于传统出租车来说，就是如何更快地适应这个变化。”魏东说，这个行业很难有暴利，有暴利也不能生存太久，而是真正靠提供满足市场需求的服务来谋生存求发展。“中国的大出行市场足够大，而且未来肯定是越来越好，我们已经转过来了，不用担心未来靠政府的一纸命令来决定我们的生存还是死亡，而是自己根据市场来决定自己的生存和发展问题。”

首旅集团深化国企改革的这些例子都说明，改革与发展确实是紧密联系的，改革中的“破”与“立”也是相辅相成的。“改革是一个系统性工程，很难只有单向进行的改革。例如深化董事会建设改革之后，必然是产权流转改革跟上。而接着就是混合所有制改革，解决国资定位问题，从管企业到管资产、从管资产到管资本，都通过这一过程实现。随之，就必然是薪酬体制改革跟上。正是这一个个接力式的系统性改革，使得我们的国有企业不断释放活力，显现出巨大的发展潜力。”段强说。

（撰稿：李志勇）

[专家点评]

陈 晓
清华大学经管学院
会计系主任

首旅集团推进国有企业改革的实践取得了一定效果，尤其是在深化董事会建设、推进混合所有制发展、实施创新驱动战略方面收到了一定成效。

现在首旅集团的外部董事已经多于内部董事，但数量并不是最重要的，如何让这些外部董事愿意开口说话，愿意向企业建言献策，让这些外部董事参与的董事会真正成为一个决策部门，而不是“橡皮图章”，才是深化董事会建设的重点。在这方面，首旅集团做得就比较到位，首旅集团的董事会非常有权威，而且外部董事都是法律、人力资源、财务、管理等方面的专家，更重要的是首旅集团的管理层真正地尊重外部董事的意见和建议，真正落实外部董事的提议，这就让外部董事参与企业决策的积极性越来越高。

同时，国资委也给首旅集团董事会足够的授权，基本不干涉企业董事会的决策，这就让首旅集团董事会建设整体实现了效果，完善和强化了董事会的决策职能，进一步激发提升了董事会的工作活力。

推进混合所有制改革是竞争性领域的国有企业必须要做的，而且是做得越早越好。如果不引进市场化规则，仍然沿用传统国企的体制机制，将会对企业的发展形成很大的限制，很多竞争性领域的国有企业可能很快就会消亡了。首旅集团在推进混合所有制改革过程中有很多成功的例子，包括成立首汽租车、收购如家等等。

成立首汽租车公司，引入了很多社会化投资人，同时也引入了市场化的体制机制，包括用人、薪酬等方面，使传统的已经面临发展瓶颈的出租车业务又迎来了一个新的发展机遇。而首旅集团收购如家，并借此引入了携程这样有影响力的新股东，对于拓展集团业务、更加适应市场化竞争有着重要意义。

总之，竞争性领域的国有企业必须走市场化改革这条路，必须贴近市场，否则连做“僵尸企业”的资格都没有，因为市场不会允许“僵尸企业”的存在。而首旅集团的改革道路可以说是刚刚起步，例如在国有资本授权、市场化的用人体制等方面还有很长的路要走。

11. 物产中大集团股份有限公司

“混改上市”激发新动力
“二次混改”构建新格局

经历过由计划经济向市场经济变革的“老物资人”，肯定还清晰地记得20世纪90年代在我国生产资料流通领域发生的深刻变化：大型制造商开始建设自销体系、来自民营流通企业的竞争加剧、国外生产资料大鳄加速进入，国有物资企业步履艰难，许多国有物资企业纷纷转产或面临倒闭。正是在这样异常艰难的环境下，1996年，物产中大集团股份有限公司（以下简称“物产中大集团”）在原浙江省物资局的基础上转制组建成立了。

20年过去了，谁也不会想到，一个“诞生”伊始便没有特殊政策、没有进入门槛、没有垄断资源的完全竞争领域企业，竟会从传统生产资料贸易商成长为我国最大的大宗商品集成服务商之一，并自2011年起连续六年入围“世界500强”。

更值得称道的是，物产中大集团坚持改革不停步，从成立之初便践行混合所有制确定市场主体地位，到2015年打响浙江省新一轮国企改革“头枪”实现整体上市，再到开启“二次混改”全面推行混合所有制改革，围绕股权多元化和打造现代企业制度开展的种种实践，为我国地方国企改革提供了一个创新样本。

回望改革历程，物产中大集团董事长、党委书记王挺革表示：“唯有改革方有出路！物产中大集团就是通过多次混合所有制改革实践，才确定了市场主体地位。”

物产中大集团发展历程图

"混改基因"唤醒肌体活力

时间倒转回1996年，彼时正值浙江省委、省政府开展产权制度改革试点工作。1998年，在浙江省委、省政府的支持下，物产中大集团在省属企业中率先进行了产权制度改革试点，按照"扶优、活小、拓新"的指导思想，大力推进混合所有制改造，以产权多元化为目标推进企业体制改革，以绩效为中心推进分配激励制度改革，完成了一级成员企业公司制改造的同时，通过实施经营层和员工持股，建立起"既参与经营管理、又分享发展成果"的互动机制。

至2003年，集团形成了国资、集体、民营及个体多种所有制共存并相互融合、相互渗透的格局，实现了从行政机关到经济实体、从计划经济执行者到市场经济竞争者、从传统生产资料贸易商向供应链集成服务商的转变。本轮一级成员公司的股权改革，为集团快速发展激发出了巨大能量——2004 年至 2015 年 12 年间，集团营业收入复合增长率为 18. 85%，利润总额复合增长率为 17. 61%，净资产复合增长率达到 22. 09%，贡献税收复合增长率为 12. 29%，并从“中国 500 强”走向了“世界 500 强”。

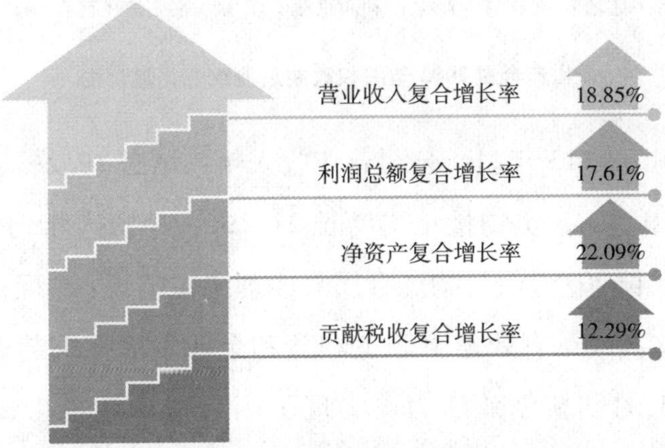

2004—2015 年物产中大集团主要经济指标变化趋势图

本轮改革在成员公司是如何推进的呢？我们试以物产中大旗下成员公司物产金属的改革经验为例：

改制的基本路径是 2003 年 1 月 1 日为改制日，由法人股东、职工持股会、自然人、社会法人股东出资组建投资主体多元化的现代企业制度公司。改制后的股本结构：企业总股本 3 亿元，其中集团国有法人优先股 2. 2 亿元，占总股本的 73. 33%；普通股 8000 万元，占总股本的 26. 67%。普通股中，集团国有法人股 4080 万元，以公司占用的资产出资，占普通股的 51%；职工持股会以货币方式出资 2320 万元，占普通股的 29%；经营层以自然人身份以货币方式出资 1200 万元，占普通股的 15%；社会法人股东出资 400 万元，占普通股的 5%。

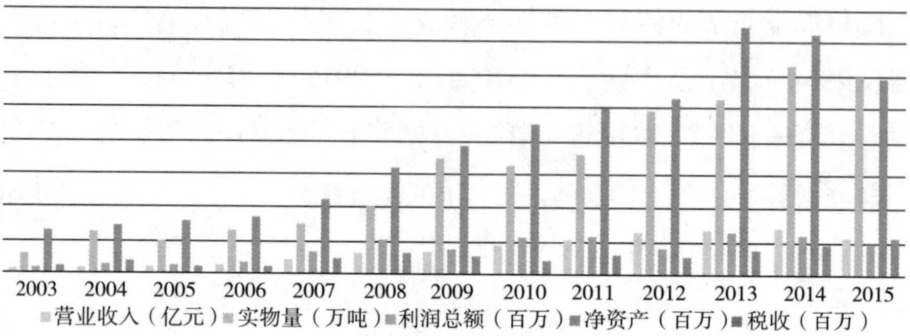

物产金属2003年股权改制后业绩变化趋势图

“改制后的13年里，公司营业收入年均增长19.2%，利润总额年均增长19.4%，实物量年均增长23.2%，净资产年均增长14%，税收年均增长20.8%。”物产金属总经理缪雷鸣说：“现在回过头来看，正是这次改革有效地将职工利益和企业发展捆绑起来，激发出企业和员工的创新创效活力，实现了国有资本和员工权益的同步增值。”

不仅如此，本轮改革还促使企业形成了有效的激励机制。有一年，因大宗商品形势较好，一家成员单位上半年就完成了全年任务，员工开始懈怠，工作情绪不高。于是，公司出台了每100万元利润奖励3万元的政策，当年利润指标超出了预算的3倍多。这种“不是民营胜似民营”的绩效机制，促进员工完成了从“要我干”到“我要干”的根本转变。

“可以说，集团成立之初的混合所有制改革实践，不仅形成了企业内部尊重市场、激励创新的氛围，更是让混改基因天然地嵌入集团这一日益壮大的肌体之中，为后续深化改革奠定了基础。”集团董事长王挺革颇有感触地回顾到。

目前，物产中大旗下300余家成员企业中，2/3的企业国有股权低于51%，大部分成员企业的高管团队、经营骨干持股，员工与企业结成利益共同体。

深入“混改” 实现整体上市

作为完全竞争领域的企业,如何更好地与市场接轨，一直是物产中大集团努力的方向。2013 年 6 月，王挺革从浙江省国贸集团调任物产中大集团董事长，在其上任后的第一次班子会上，团队便形成了以“资产证券化”为核心要求的发展改革共识。

“经济新常态下追求企业常青，深化改革是不容选择的选择!”王挺革反复强调，“企业成长是有规律的，一个企业要做好，需要‘找对事，选准人，分好钱，控风险’，但是企业要追求基业长青，还有一个基础中的基础，就是必须构建现代企业制度。它就好像大楼的地基，只有地基打好了，楼才能不断往上盖。”

王挺革认为，体制决定机制，机制决定活力，在目前的体制环境下，上市公司是股权多元混合所有制公司的最佳形态，国有资产证券化是未来发展最正确的方向，建立现代企业制度并上市是企业成功的最好制度安排。加之物产中大集团高居不下的资产负债率、投融资方式的落后乏力以及对标世界一流企业的差距，推进集团整体上市、借力资本市场释放新的更强动力，成为企业改革的主攻方向和关键突破口。

当然，物产中大的改革发展离不开浙江经济社会发展的大环境。近年来，浙江国企改革先行先试，走在全国前列，并把加快国有资产证券化作为深化国企改革、提升治理能力、发展混合所有制经济的主攻方向。2014 年 9 月，浙江省委、省政府印发《关于进一步深化国有企业改革的意见》，明确提出，要“以国有资产证券化为抓手积极发展混合所有制经济”，并通过3～5年的努力，“力争省属企业混合所有制企业户数比重达到75%左右，省属企业国有资产证券化率达到75%左右”。就在该文件下发一个月后的2014年10月，物产中大集团决定率先启动整体上市工作先行先试，各项工作积极稳妥有序推进。

近几年浙江国企改革大动作

- 组建省海港集团，重组设立宁波舟山港集团，有序整合全省港口资源
- 合并重组省交通集团、省铁路集团，做强做大省级交通投融资平台
- 实施杭钢集团转型升级，顺利关停杭州半山钢铁基地，增资控股宁波钢铁
- 省能源集团完成浙能电力上市，成为国内B股转A股上市第一单
- 物产中大吸收合并其控股方省物产集团，成为浙江第一家整体上市国有企业
- 省国贸集团以浙江东方为平台注入金融资产，打造金融类国有控股上市公司
- 收购重组2家上市公司，即巨化集团控股菲达环保、能源集团控股宁波海运
- 大力拓展金融产业，设立“浙商”系列等一批总部在浙的非银金融机构
- 省农发集团重组黑龙江新良集团将其更名绿农集团，加快省外粮源基地建设
- 省旅游集团整合相关资源组建省医疗健康集团，筹建医疗产业基金
- 省能源集团完成对长广集团重组整合，妥善解决历史遗留问题
- 省交通集团实施水运板块3家企业瘦身重组，推进供给侧结构性改革

随即，物产中大集团层面成立政策组、资产组、人事组和报批组4个工作小组，均由集团领导担任组长，董事长作为总协调人；各成员公司也均成立相应的工作组，由其主要领导担任协调人和组长。在此后的50多个节假日里，大家加班加点、全力推进。回忆起这段“战斗”的光辉岁月，物产中大资本投资公司董事长杨东伟，这位集团原投资金融部部长动情地说：“面对时间紧、任务重、借鉴少的客观实际，集团积极争取并得到方方面面的理解、支持与配合，大家众志成城，克难攻坚，终于在2015年11月正式完成整体上市，以历时1年左右的重组进度创下了国内资本市场整体上市的速度

奇迹。”

诚如杨东伟所言，在整体上市推进过程中，集团请示浙江省委、省政府领导同意仅用了2个休息日，证监会高度赞扬浙江省决策快、保密好；总体方案、实施方案从浙江省国资委转报省政府到获得省政府的批复分别只用了3天、7天，浙江省政府在1天之内即完成对总体方案12个环节的审批会签流程，2天内便出具了批文；证监会、商务部、国务院国资委、浙江省政府相关部门等相关单位鼎力支持，共同为集团加快改革破解难题。而在此过程中，仅涉及土地、房产等需要明确和解决的相关问题就达110项……

“整体上市之所以顺利推进，离不开浙江省委、省政府、省国资委以及证监会、商务部、国务院国资委等部门及领导的大力支持。”王挺革总结道，“同时也离不开集团始终坚持的‘四个不动摇’——即坚守依法合规底线不动摇，确保国有资产保值增值不动摇，坚持调动各方积极性不动摇，坚持为企业基业长青、做强做大做久服务不动摇。”为此，在整体上市方案设计中，形成了“资产两分，人随资产；首次引战，净资产平衡；中大平台，吸收合并；配套融资，管理层骨干入股”的总体思路。

——资产两分，人随资产。由浙江省国有资本运营有限公司（简称“省国资运营公司”）收购集团持有的另一家上市公司物产中拓以及其他非上市资产，评估价近40亿元。

——首次引战，资产平衡。浙江省国资委将所持集团62%国有股权无偿划转至省国资运营公司，剩余38%的国有股权协议转让给浙江省交通投资集团有限公司，获得现金价款约40亿元，由省国资运营公司专项用于支付上述非上市资产的收购对价，形成整体交易的闭环流动。

——中大平台，吸收合并。旗下上市公司物产中大发行股份吸收合并集团。

——配套融资，管理层骨干入股。向9名特定投资者非公开发行股份募集配套资金，配套融资规模约为23.3亿元。上市完成后的股权比例为省国资运营公司33.81%、浙江省交通集团20.72%、员工持股计划7%、战略投资者6.66%、公众股31.81%。

“在这个方案的实施过程中，不仅存在传统国企的资产梳理、规范、剥离等老问题，同时面临优先股、量化股、职工持股会等历史遗留问题，还遇到两家上市公司平台选择、两级持股结构、外资股东换股、本级注销等新问题。”物产中大集团总经理周冠女说道，“鉴于此，集团充分理解并运用浙江省委、省政府深化国企改革政策精髓，积极学习借鉴其他省市国企改革创新经验，切实做到了各项工作依法依规、科学合理、易于操作。”

值得一提的是，物产中大在整体上市过程中同步实施员工持股计划，这在全国尚属首例。“美国的500强企业中，有九成企业实行员工持股计划，比未实行员工持股计划的企业劳动生产率高1/3，利润高50%，员工收入高25%～60%。”王挺革介绍说，“整体上市中，物产中大集团在保留原有部分成员公司高管及员工持股不变的前提下，将职工持股会改造成有限合伙企业，实施2015员工持股计划，高管及员工骨干计1062人在上市公司层面入股，与市场化运作的战略投资者同股同价，即使是入股锁定3年，仍得到上下一致拥护。”

不仅如此，为增强发展后劲，物产中大集团还在整体上市中引入具有丰富资源的战略投资者，如浙江省交通集团、联想君联资本、天堂硅谷、赛领资本、三花集团等产业与金融资本，股权结构实现更加科学和多元化，为未来转型升级提供了有利资源动力。

“对于物产中大集团来说，以市场化为导向深入混合所有制改革并整体上市，其最大意义就是建立起了与竞争类国企相适应的市场运行法则。”王挺革说，“整体上市后，集团治理体系更加完善，董、监、高相互制衡的运行体系，大大提高了决策的科学性和监督的有效性。同时，上市公司管控流程的刚性约束确保了公司的规范运行，集团全面覆盖、分工明确、协同配合、制约有力的经营管理机制和内控规范体系得以进一步健全，并切实承担起对投资者和外部监管机构的信息披露义务。”

国有资产证券化带来的资本红利，让物产中大集团更好地实现了国有资产保值增值。“按2015年底收盘价计算，集团总市值达389.15亿元，其中国有市值从整体上市前的31.66亿元增值到212.20亿元。”王挺革介绍说，“集团2015年的税费、员工工资、净资产三项合计达271.49亿元，是1996年初始投入11.52亿元的23.57倍。年度利润分配方案为每10股转增3股并派现金股利2.50元，是物产中大上市20年以来最好的利润分配方案。”不仅如此，集团还在整体上市后获得了双AAA主体信用评级，成为全国首家获此评级的地方流通企业。

“物产中大整体上市这一重大资产重组，是浙江省国企深化改革的标志性事件，也是近年来浙江省最大的企业重组事件之一。”浙江省国资委主任冯波声表示，“国有资产证券化不仅有利于提升公司治理能力、接受社会公众监督、促进国有资产保值增值，同时也可以增强国有资本的流动性，为实施供给侧结构性改革、优化国有资产布局结构创造有利条件。”

开启“二次混改”新里程

“上市不是国企改革的终点，而是一个新的起点。”浙江省副省长朱从玖到物产中大集团调研时指出，“虽然物产中大已经建立了‘混合所有制+资产证券化’的优化路径，但是要打造世界一流的好企业，实现可持续发展和基业长青，不持续深化改革没有出路。”为此，物产中大结合实际，提出了“全员创新、合伙创业”的新思路，由此开启了“二次混改”的新里程。

“集团关于‘二次混改’的提法绝不是偶然。”物产中大集团副董事长陈继达指出，“整体上市后，物产中大在母公司层面已经完成了混合所有制改革，但在成员公司层面，多年不变的股权结构相对单一，市场竞争需要权责利更趋一致的运营机制，需要更强的动力、活力和控制力，来适应市场化和全球化的挑战。”

就像陈继达所说的那样，一方面，集团母体已是上市公司的机制，而子公司的体制机制只有不断优化，才能破除新的上市公司治理机制从母公司传导到子公司过程中的阻碍，从而激发出新的活力。

另一方面，物产中大集团一级成员公司完成公司制改造距今已有十余年时间，其间的经营业态、方式和环境及企业人员构成都发生了重大变化，但成员公司的股权结构和员工持股安排，没有与时俱进进行必要的调整。“有些单位的员工持股固化，有错配现象，比如老员工持股多，新员工或骨干员工持股少，分配不均导致企业动力不足。”陈继达说。

除此以外，伴随该集团“一体两翼”战略（以商贸流通产业为

“二次混改”将加速物产中大集团“一体两翼”发展战略的推进

主体，以金融服务和高端实业为两翼）的推进，引进具有股东资源优势的企业参与相关成员公司的改革重组，是推进治理结构完善、促进企业转型升级的重要途径。

那么，如何推行“二次混改”？王挺革认为，“经历前一个时期的改革探索后，物产中大已经初具‘股权多元 + 法人治理结构 + 科学组织设置 + 科学企业典章 + 党的政治核心作用’的中国式现代企业制度雏形，下一步重点还是要围绕股权多元化改革去打造现代企业制度。”为此，一场集“市场机制更健全、投资股权更多元、股权调整更灵活”于一体的“三更革命”，正在集团内部全面铺开。

“首先，‘二次混改’要求我们从体制机制、人才、资源三个方面的市场化着手，真正把市场机制引进门，实现多元所有者到位，建立经营者和所有者利益、企业效益正相关的关系。”王挺革说，“我们认为，企业家是稀缺资源，培养、引进、保护企业家队伍是企业发展的重中之重。目前浙江省委组织部和省国资委已同意，将授权董事会按市场化方式选聘1～2名职业经理人担任高管副职。”而根据物产中大集团董事、党委副书记宋宏炯介绍，不久前，该集团以市场化选聘的方式招揽9个紧缺岗位的高端人才，报名人数达371人，之后还将陆续推出多个关键岗位进行职业经理人试点。

“加快推动投资主体股权多元化，是物产中大‘二次混改’的基础。”陈继达表示，“现有全资企业我们将引进央企、外资、优秀民企等战略投资者，来共同参与相关成员公司的改革重组，充分发挥各方股东所拥有的资金、技术、市场、人才等优势资源，最终实现合作共赢。而对人才资本和技术要素贡献占比较高的企业，优先支持开展高管和骨干等持股，这一思路与国务院国资委、财政部、证监会日前联合印发的《关于国有控股混合所有制企业开展员工持股试点的意见》精神高度一致。”

“在股权多元化的基础上，关键还要对股权结构进行动态调整。”王挺革认为，股权改革正在发生变化，从早期1.0版的人人持股，到2.0版的骨干持股，现在应该升级为3.0版的动态股权。“简而言之，以前的全员持股和骨干持股在当时是改革成功的，但不出力的股东不能再坐享其成，真正出力的骨干持股要增加，新的股权结构不再是一成不变，而是随着企业发展和价值贡献而动态变化。”

在此指引下，物产中大积极推广基金或有限合伙企业模式，探索设立“深化混合所有制改革基金”“持股中心”和员工持股“下翻上”机制，建立合理的激励及约束措施，保证在所有权和经营权分离的情况下，经营者和所有者利益一致，实现员工与企业的“共创共担共享”。此举将有效解决目前国有企业普遍存在的权责利不匹配、内部管理不规范、管控权力缺乏制约、监督不到位等共性问题，从而真正激发员工的“二次创业”热情。

据了解，作为“二次混改”成员企业之一的物产电商公司，2016 年将完成投资主体股权多元化改革工作。该公司董事长徐斌毅表示，公司将采取“三步走”的方式推进公司股改——第一阶段，拟对公司本级 10% 的股份进行股改，以自有资金和集团混合所有制改革基金1∶2配比形式，由公司中层骨干以上员工入股，让所有者、经营管理和生产者通过适当形式参与企业经营管理；第二阶段，在子公司层面推行二次改革，根据旗下“义乌通”“保税通”“企事通”平台情况制定具体方案，形成“国有资本 + 团队合伙企业 + 生态合作伙伴”的股权结构，目前公司旗下物产企事通合资公司已探索试行该模式；第三阶段，建立核心员工跟投创新业务平台，并逐步在公司各领域落地，形成捆绑核心员工利益和企业利益跟投制度，提升公司持续长久发展核心驱动力。

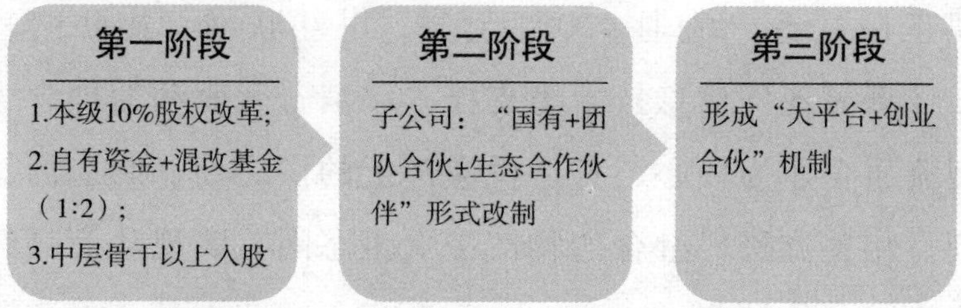

物产电商 2016 年股权改革三阶段示意图

物产中大旗下另一家已实行“混改”的物产环能公司董事长杨正宏则表示，公司将以资产证券化为方向进一步优化原有股权结构，为了有效激励员工，公司将积极推广有限合伙企业模式，并在实业平台探索设立新的混合所有持股机制。

“我们提出的‘二次混改’，最终将会使资本所有者和劳动者由利益共同体转变为命运共同体，员工将从‘我要干’转变为深层次地去思考‘如何干好’，这对国企尤为重要。”王挺革总结道。

打造“产业生态组织者”

“混合所有制，不是你想混就能混的，要为企业获取核心竞争力和基业长青去‘混改’，而非为了‘混改’而‘混改’，”王挺革颇有感触地说道，“物产中大所有的改革，最终是为了‘三个有利于’：有利于国有资产保值增值，有利于调动各方面积极性，有利于企业做强做大。”

持续的改革保障了集团各项事业的顺利推进和蓬勃发展。2015 年，集团实现营业收入 1823.38 亿元，利润总额 22.52 亿元，加权平均净资产收益率 9.54%，是 A 股上市公司平均值 6.19% 的 1.54 倍。王挺革透露，为确保改革发展两不误，物产中大现正在打造“流通 4.0”企业，以互联网、物联网、大数据、云计算等现代信息技术为支撑，以消费者驱动为理念，以自身大型流通企业为核心，打造供应链上的供应商、制造商、消费者等利益相关方跨界融合的物产中大生态圈，实现从商品经营到提供集成服务的转变。

“春天的故事，来自冬天的思考。”王挺革说，“针对当前全国大宗商品行情处于低谷、钢铁煤炭行业产能严重过剩的严峻形势，作为大宗商品集成服务商的物产中大集团，初步明确了‘十三五’时期以‘一体两翼’为核心，成为具有国际竞争力的产业生态组织者的性质定位。”据该集团研究院院长胡小平介绍，“产业生态组织者”是产业集成服务、客户增值服务、数据信息服务的资源整合者和系统协同者，物产中大集团未来将在“一体两翼”的战略引领下，以“流通 4.0”为主要实现形式，通过承担商贸流通产业生态系统的组织、管理和运营功能，获取自身竞争优势，并为生态圈内企业实现可持续发展提供有力支持。

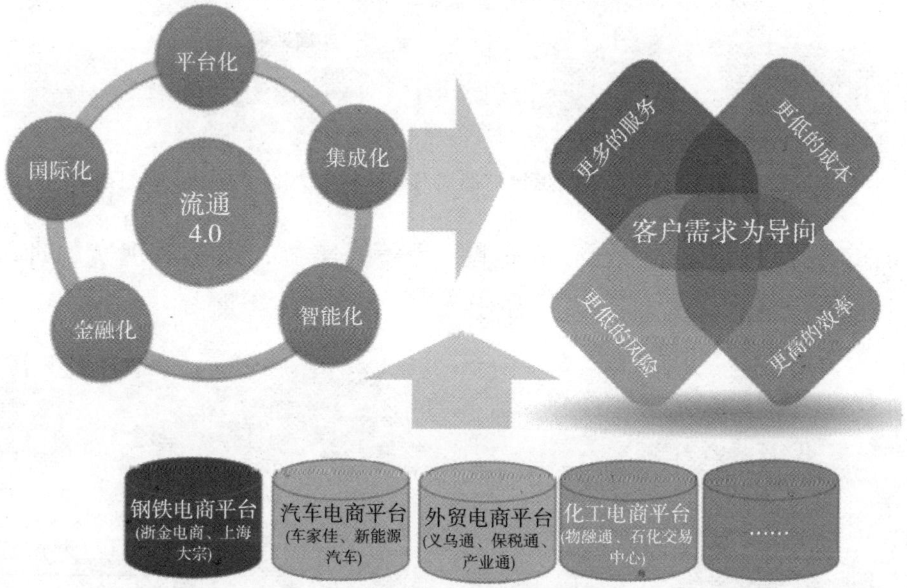

物产中大集团在全国首创并践行的“流通 4.0”内涵图

“混改——整体上市——二次混改”，脉络清晰的改革思路和历程，让物产中大随着股权结构的不断多元化，国有资产不仅没有因此而流失，反而由于企业效率和活力的提升而更好地实现了保值增值。

“改革固然难度很大，但不改革是最大的国有资产流失！”王挺革掷地有声，“这正如《萧条经济学的回归》一书所讲，通往世界繁荣的唯一的重要的结构性障碍，正是那些盘踞在人们头脑中的过

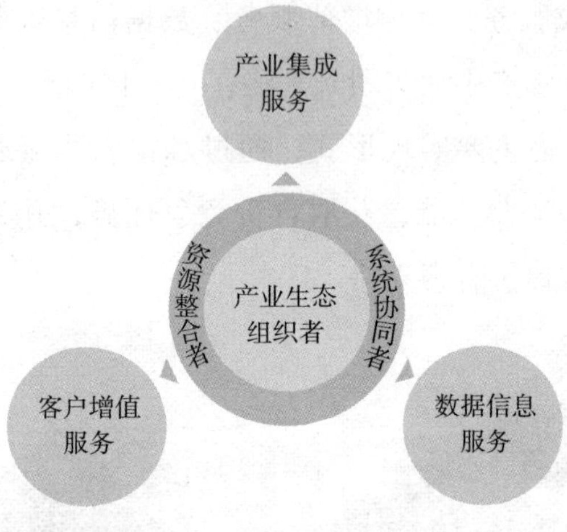

“十三五”期间，物产中大提出打造具有国际竞争力的“产业生态组织者”

时的教条。真正短缺的不是资源，也不是美德，而是对现实的理解和把握。”

（撰稿：殷　畅）

[专家点评]

史晋川

浙江大学文科资深教授、金融研究院院长，国务院政府特殊津贴专家，浙江省人民政府咨询委员会副主任

物产中大集团是浙江省最大的国有控股集团公司，同时也是浙江首家实现混合所有制改革整体上市的国企，公司不仅在成立之初就积极探索混合所有制改革，更是在完成资产证券化的今天，向世人宣布正式开启“二次混改”。“坚持改革不停步”不仅使物产中大

连续6年入围“世界500强”，同时也率先走出了一条“持续混改+资产证券化，力保国有资本保值增值”的地方国有企业特色改革之路。

在我国新一轮国企改革深入推进的当下，习近平总书记曾专门强调“必须理直气壮做强做优做大国企，坚定不移深化国有企业改革，着力创新体制机制，加快建立现代企业制度”，对国企改革寄予厚望。剖析物产中大集团的改革案例，不难发现，国企无论是通过股权多元化改革确定市场主体地位，还是整体上市完善法人治理结构，抑或是“二次混改”打造“命运共同体”，改革的核心价值和终极指向都是“打造现代企业制度”，通过企业制度创新，做好“一体两翼”大文章，探索实践“流通4.0”，追求企业基业长青。

“行百里者半九十。”改革只有进行时，创新没有完成时，未来路远且漫长，相信物产中大集团在其掌门人王挺革董事长的带领下，一定能驰而不息、久久为功，把集团打造成具有国际竞争力的领袖企业。

让我们一起静候物产中大新的“春天的故事”！

12. 福建省电子信息集团

国企涅槃重生之路

2016年7月4日，国务院召开国企改革经验座谈会，福建省电子信息集团作为参会的三家地方国企之一发言。由成立前的资不抵债，到进入国务院会议介绍经验，16年来，福建省电子信息集团走过了怎样一条涅槃重生之路?

福建曾是我国电子信息产业的领航者，诞生了福日电视、闽东电机等一批知名品牌。但进入20世纪90年代以后，这些曾经辉煌一时的老国企纷纷走向没落。

2000年，福建省政府机构改革，省委省政府决定将省电子工业厅所属企业通过成建制划拨，以其7.8亿账面净资产作为资本金，组建福建省电子信息集团。据福建省国资委党委书记、福建省电子信息集团首任董事长刘捷明介绍，集团成立的时候底子很薄，原来福建省电子工业厅下面有90多家公司，只有一个盈利（因为它是上市公司，业绩上不能表现为亏损）。负债20多亿，总资产27.28亿元，营收才几个亿，每年还要亏损1个多亿。企业越做越分散，越做越小。如今，福建省电子信息集团已由小到大，由弱变强，发展成为区域性行业龙头企业。截至2015年底，集团资产总额、所有者权益、营业收入、利润总额分别达181亿元、67亿元、162亿元、9.8亿元，比组建之初分别增长了6倍、8倍、15倍和117倍，位列第30届“中国电子信息百强企业”第39位。集团拥有一级成员企业45家，其中包括在A股上市星网锐捷、福日电子2家控股上市公司，在新三板挂牌的闽东电机公司和已上市、拟上市的参股公司华映科技、福光股份、长威科技、阿石创光电等，以及与日立、爱普生、台联电、中华映管、IBM等国际知名企业合资合作的多家参股公司。

破旧立新：解决机制问题

成立之初，集团积极解决历史遗留问题。一方面与银行、资产管理公司等债权人和解减债近3亿元；另一方面通过和解，了结20多宗民事诉讼，共偿还债务约3亿元。不逃废银行债务一分钱，被评为福建省第一批诚信企业。

经福建省审计厅审计认定，共消化历史遗留潜亏7.95亿元，夯实了国有资本金。成立四个退出企业联合留守处，负责处理退出企业遗留问题。通过一次性投资，剥离“三供一业”，为职工实行社会化管理迈出坚实的一步。

国有企业体制机制积弊主要表现在用人、用工和分配机制上，即我们常说的“铁饭碗、铁交椅、铁工资”问题。面对内部冗员多、包袱重、机制僵等问题，集团首先下定决心，进行了全系统1.1万余名国有职工的身份转换，支付近3亿元补偿金和各项费用，对留用人员重新签订劳动合同，延续职工养老保险、医疗保险等社会保障关系，维护职工合法权益，保持了社会的安定稳定。

在此基础上，积极推行“三项内部制度改革”，做到“用人能上能下，用工能进能出，薪酬能升能降”，极大地调动了员工的积极性；在选人用人机制上，打破常规，建立更加市场化的人才引进使用机制，推进人力资源市场化，推行人才公开招聘选拔，集团每年都举行一次人才招聘大会，使得骨干人才得到源源不断的补充。

面对所属企业国有股“一股独大”、体制机制活力不足、内部制衡弱化问题，集团领导敏锐地意识到，国企要发展就必须实行市场化改革，真正建立起现代企业制度。

增强活力，不等于降低约束，对此，集团通过建立健全法人治理结构，推进依法治企。在推进股权多元化同时，集团着力建立健全现代企业制度，不断完善公司法人治理结构。一方面规范公司治理，围绕混合所有制改革，规范行使股东权利，促进企业转换经营机制，通过构建“产权清晰、权责明确、保护严格、流转顺畅”的现代企业制度，集团及所属企业决策更加科学，经营更加规范。另一方面，完善制度体系。集团以制度的形式将领导班子的运作程序、议事规则等固定下来。对企业股东会、董事会、监事会和经营管理者的权责予以明确，形成决策机构、监督机构和经营管理者之间的科学有效制衡。

集团通过调整股权结构，引入民营资本、鼓励经营管理团队和骨干员工持股等手段实现了部分所属企业股权多元化，搞混合所有制，真正建立起现代企业制度，不仅从根源上解决了国有企业责权不清、激励弱化等历史难题，还激发出企业的内在活力，使之适应市场体制机制的要求，符合市场竞争的需要。

树木论：优化资源配置

按照中央“有进有退、有所为有所不为”和“抓大放小”的国有经济布局和国企改革方针，集团坚持一手抓改革，一手抓发展。

集团成立以后，大刀阔斧地进行“关、停、并、转”，实现国有资本从120多家资产规模小、盈利能力差、发展后劲弱的中小企业中有序退出，变现十余亿元资金配置到存续企业，加快培育骨干企业。

这套“有效资源重组，无效资源剥离”的模式，被集团称为“树木论”：树干好的，树枝枯了，就把好的枝条嫁接进来（如福日电子，经历多次置换、重组、并购，形成了今天的事业格局）；树干内部空了，树枝是好的，就剪下来，嫁接到其他树上，或者重新培育（如闽东电机，通过设立新公司将有效产业资源置入）。这两种方法效果都不错，前者保护了大树，后者重新培育起大树。

福日电子前身福日电视机公司是中国电子行业第一家中外合资企业，也是国内首批彩电生产厂家之一。

“80年代福日彩电是一票难求，90年代陷入困境，1999年上市解困，但是转型并不理想。”公司董事长卞志航表示，自公司上市以来，经历了一个漫长的寻找主业的徘徊过程。2008年金融危机时，公司经营环境更加恶化，业务遭遇大幅下滑，主营业务收入迅速下降，利润亏损，甚至一度有被并购的危险。在此背景下，集团先后累计投入4.6亿元资金，通过产业结构调整、注入优质资产、股权置换等方式，帮助福日电子甩掉了部分历史包袱，走出了经营低谷。福日电子从2009年开始在变革中谋发展，结合国家发展新兴产业的扶持政策，通过3次定向增发，确立了智能手机设计制造及LED两大主业。

闽东电机创建于1958年，50多年的发展历程、几代闽东电机人的努力缔造了“闽东电机”这一著名民族品牌，闽东电机曾被誉为“中国王牌电机”。

1993年，闽闽东（000536）股票在深交所挂牌上市。1996年之后，由于体制机制原因，闽东电机生产经营逐渐走下坡路，1999年，在被一家民企托管后，闽东电机进一步陷入了困境，资不抵债高达六千多万，濒临摘牌。2001年10月，省政府将闽东电机股份有限公司控股权划拨给集团。

“当时闽东电机公司股票处于‘PT’状态，销售收入不到1亿元，5000余名员工年固定支付费用2000多万元，逾期贷款3亿元支付年息约2000万元，还有对外担保或有风险2亿元，电子集团接手之后，通过资产置换、职工分流安置、债务减免等方式，彻底卸下了这三大包袱，保住闽闽东上市公司壳资源。”闽东电机董事长陈韩表示。

2009年，集团让出闽闽东壳资源，支持中华映管借壳重组，更名为华映科技，为中华映管后续的液晶面板、玻璃盖板和触控一条龙产业向福建省转移奠定了基础。

实施股权多元化的市场化改革

福建省电子信息集团现任董事长邵玉龙表示，集团坚持走市场化道路，并将市场化探索的措施制度化，率先进行产权制度改革；探索股权多元化、员工持股，对此进行制度安排。

集团成立以来，大胆探索以骨干员工持股为重点的产权制度创新。大力发展混合所有制经济，在老国企改制的过程中，通过引入民营资本、鼓励经营管理团队和骨干员工持股等手段实现所属企业股权多元化，混合所有制企业占集团成员企业比例已达67%，32家成员企业实施了骨干员工持股制度。

福光股份前身为国营八四六一厂，为纯国有军工企业。2004年以前，由于公司研发实力不足，军品订单获得能力下降，民用产品竞争激烈，未能形成拳头产品，公司销售收入逐步下滑，连年亏损，濒临破产。改制后，福光股份成为首家研发生产200万、300万、500万、1000万像素的高清监控镜头的国内企业，在高清晰度、超长焦距、高变倍比、红外夜视、长焦透雾等性能上达到国内先进水平，取代国外知名品牌产品。目前福光股份具备年产9600万光学镜片与1200万颗光学镜头的制造能力。

“从航母、导弹到飞船，都能看到我们福光生产的镜头。在光学镜头领域，我们完全可以和发达国家品牌竞争，甚至有些产品还领先于它们。在同步聚焦产品中，因实现了调焦过程中全清晰，2012年，福光股份将其光学镜头卖到了日本，这是国内产品第一次把光学镜头出口到日本。”福光股份董事长何文波表示，福光股份从原来濒临破产发展到现在总资产6亿元，年收入5亿元，年净利润近亿元，主要得益于集团对其进行混合所有制改革，让出控股权，引进民营资本。

2013年，福光股份实施技术骨干和管理骨干股权激励机制，股东出让10%的股份，给公司高管、中干、技术骨干等人员持有，根据职位、技术能力不同，划分为7个档次，每个档次人员持有股份数量不等，有近110位员工享受到该政策，约占员工总数的8%，有效稳定了公司科研和管理团队，激发了员工的积极性。

福建星瑞格软件有限公司于2015年12月22日成立，引进IBM Informix数据库源代码与技术移转服务，并基于源代码开发出自主安全可控的星瑞格关系型大数据库管理系统。

星瑞格团队大部分来自原Informix公司，包含中国大陆、中国台湾、新加坡等地及欧美地区，平均拥有20年以上数据库经验，技术水平居业内领先地位。星瑞格公司从成立伊始就引入骨干员工持股机制，核心团队以现有三个数据库软件产品的相关权利及从业经验，作价后持有公司49%股权，作为员工的激励。同时，核心团队与集团签订业绩承诺约定，以确保集团权益。

福建省电子信息集团董事长邵玉龙认为，混合所有制改革和骨干员工持股不会使国有股权虚化，员工持股与企业命运融为一体，有利于法人治理结构建设。此外，电子行业是高科技人才聚集地，实施股权多元化和职工持股不仅激励了团队，有利于留住企业核心人才，避免骨干员工被同行业挖角，骨干团队作为公司股东还有利于自发形成企业内部制衡机制，有效杜绝了经营管理者以权谋私等不当行为，强化了内部监督，监督成本也大大降低。

“在市场竞争中，首先是制度安排的竞争。在电子信息领域，人才是核心，要不解决员工持股、人才激励，是没办法跟世界上先进的企业竞争的。”刘捷明表示，进行国企改革有两个导向，其中一个是动力导向，进行的制度安排是员工持股。

多措并举提高资本运营效率

产业发展与资本运作“双轮驱动”，不断提高资产证券化水平

1. 并购星网锐捷，推动实现IPO。2002年，在实达集团陷入困境、无力支持星网锐捷发展的情况下，集团出资5329万元，控股并增资星网锐捷，持续坚定地支持其不断发展壮大，并于2010年成功实现IPO，将其从集团收购当年年营业收入4亿元、净利润900万元的企业，发展到年销售收入超40亿元、净利润2亿多元、拥有研发人员3300多人的明星企业，成为福建省高科技企业的典范。2014年

星网锐捷开发的智慧安防系统

至今，集团支持星网锐捷开展一系列并购重组，控股睿云联（厦门）网络通讯技术有限公司、福建四创软件有限公司、德明通讯（上海）股份有限公司。至2016年6月30日，星网锐捷股票市值达106亿元，集团所占权益市值约30亿元，比初期投入增值57多倍。

2. 重组福日电子，重塑主业焕发青春。2013年以来，集团支持福日电子实现3次再融资，总金额超16亿元，收购深圳市源磊光电有限公司、深圳市迈锐光电有限公司、深圳市中诺通讯有限公司控股权，确立了公司智能手机设计制造和LED两大主业，步入健康可持续的发展轨道。2014年公司成功实现两次再融资，成为上交所唯一一家当年实现两次再融资的企业。

2015年，福日电子营业收入61.83亿元，净利润1.17亿元，净资产16.44亿元。截至2016年6月30日，福日电子股票总市值63亿元，集团所占权益市值达19亿元。

[**链接**]

福日电子历经多次重组增发，成功再造主业

1999年，福日电子将彩电生产、销售相关资产打包上市。由于是靠拿指标包装上市的，自上市以来，公司经历了一个漫长的寻找主业的过程。经历了以彩电经营为主业、淡出彩电业、寻找主业的徘徊，以及确立三大主业的经营轨迹。

一、两次重组夯资产

公司上市以来，由于彩色电视机业务缺乏盈利能力，经营日趋下滑，靠外贸业务支撑公司架构。2008年、2009年的金融危机，使公司经营环境更加恶化，业务大幅下滑，主营业务收入迅速下降，利润亏损，银行信用等级不断降低，以致银行纷纷收贷，公司现金流异常紧张，加之公司还背负着沉重的历史包袱，不具备资本市场再融资能力，甚至一度有被并购的危险，可持续经营陷入困境。在此背景下，集团先后累计投入4.6亿元资金并通过产业结构调整、注入优质资产、股权置换、以股抵债等方式，帮助公司甩掉了沉重的历史包袱，夯实了资产。

二、三次定增强主业

2013年以来，公司抓住国内资本市场向好，监管机构鼓励上市公司通过定向增发等再融资手段做大做主业的有利时机，成功实现三轮再融资，成功打造公司产业主业：

（一）首轮收购迈锐光电，提升LED行业地位

2013年9月，公司通过过桥贷款以19487万元现金收购了深圳市迈锐光电有限公司92.7989%股权，同时启动首轮非公开发行股票工作。2014年3月下旬，公司以6.43元/股向8名投资者发行人民币普通股（A股）4323.48万股，募集资金总额约2.78亿元，实现

了公司上市以来的首轮再融资，成为公司发展的里程碑，标志着公司进入产业发展与资本运作相结合的发展快车道。迈锐光电的 LED 大屏幕生产位列国内前十位，并已建立完善的国际市场网络，合作伙伴多为 NBA 联盟、TOM 传媒等市场一线客户。成功收购迈锐光电迅速提升了公司在 LED 行业的地位。

此外，为逐步打造公司 LED 全产业链，填补公司 LED 照明封装业务空白，与公司新并购的迈锐光电形成产业配套，公司于 2014 年 10 月以自有资金 1.2 亿元现金收购深圳市源磊科技有限公司部分股权并增资，控股源磊科技。源磊科技是国内中小功率 LED 封装产品专业供应商，产品主要用于室内外照明及广告标识等领域，是国内主流照明灯具佛山照明、欧普等公司的供应商。

目前，公司已经初步形成 LED 全产业链，业务范围覆盖上游外延片/芯片、中游封装器件和下游应用产品的研发、生产与销售，以及工程项目的投资、建设与运营，拥有“城市及道路照明工程专业承包二级企业”等资质。

（二）二轮收购中诺通讯，拓宽智慧通信产业

首轮融资成功后，公司加快了再融资节奏和步伐，于 2014 年 4 月启动第二轮再融资。公司以 8.29 元/股向深圳市中诺通讯有限公司原股东发行人民币普通股（A 股）9650.18 万股支付了 8 亿元的收购对价，并于 2014 年 12 月 30 日正式完成此轮融资。中诺通讯是一家以移动通信终端产品为主的通信终端设备方案设计、合约制造服务商，是华为、联想等世界知名通信企业主流的 ODM 供应商。

在通信终端设备制造业作为国家鼓励发展的战略性产业的大背景下，公司通过收购中诺通讯，快速切入面向知名品牌通信企业的手机设计、合约制造领域，拓宽了公司以手机为主的智慧通信产业

业务规模，强化了在智能手机市场的竞争力，提高了公司的资产质量与盈利能力。2015 年中诺通讯智能机出货量达到 1900 万台，位列全国 ODM 企业第五，实现销售收入 23 亿元，净利润 1 个多亿。

2014 年公司成功实现两次再融资，成为上交所唯一一家当年实现两次再融资的企业。

（三）三轮定增募集资金，改善资产负债结构

2015 年 2 月，公司启动第三轮再融资。在资本市场经历 2015 年 6 月份开始的一轮“股灾”情况下，公司积极与证券发行审批部门和战略投资者沟通，并克服重重困难，于 2016 年 4 月底成功完成定向增发 7616.64 万股，募集资金 6.54 亿元，主要用于偿还银行贷款、补充流动资金，改善公司资产负债结构。第三轮再融资的成功，对公司的产业发展提供了强有力的资金支持。截至 2016 年 6 月底，公司总资产 47.5 亿元，净资产 23.9 亿元，公司抗风险能力和可持续发展能力大幅提升。

3. 出让上市公司壳资源，再造闽东电机。2001 年 10 月，省政府决定将省财政厅持有的闽闽东股票 4429 万股划拨给集团，由集团承担该公司保牌摘帽、重组脱困的任务。集团累计支付成本 3 亿多元，保住闽闽东上市公司壳资源，解决其逾期贷款 3 亿元，对外担保 2 亿元和 5000 多名员工安置等三大难题。

遵照省政府部署，集团于 2010 年让出闽闽东壳资源，支持中华映管借壳重组，更名为华映科技，为中华映管后续的液晶面板、玻璃盖板和触控一条龙产业向福建省转移奠定了基础。目前中华映管投资 240 亿元的第 6 代 IGZO 面板生产线已在福建省莆田落户，集团通过所主导的电子产业基金跟投 25 亿元。该重组案使集团和福日电

子持有的闽闽东股权价值增值15亿元左右，集团承接闽闽东旧工厂土地变性处置增值10多亿元。

同时，集团通过将从闽闽东剥离出来的电机产业资源置入新设平台公司、建设基地、投资并购，使“闽东电机”50多年的老品牌重新焕发青春，并于2015年5月7日在新三板正式挂牌，时隔6年重返资本市场，逐步恢复福建省电机行业龙头地位。集团参股的国泰君安证券公司已经上市，参股的福光股份、四创软件等股份公司已具备上市条件，均在辅导和申请上市进程中，这些股权都将大幅增值。资本运作的成功，为集团产业做大做强做优提供了资金保障。

用好融资工具，降低资金成本

一是合理选择股权融资和债务融资方式。借助近几年国内资本市场向好的有利时机，集团控股的两家上市公司适时推出多轮再融资方案，合计实现股权融资达19亿元，筹集产业发展资金，助推转型升级，增强企业发展后劲。二是灵活运用各种融资工具。集团成立了资金运营中心，打造集资金预算、融资、授信管控、资金调度和信息反馈于一体的资金运营平台。积极开展资信评级增信工作，集团主体评级从BBB－－逐步提升为AA＋。借助信用评级的提升，集团逐步加大直接融资比例，2016年直接融资比例达88%。

借助与主要商业银行建立银企直联合作关系，发挥集团优势，增强与商业银行谈判能力，合计获得多家银行的间接融资和直接融资综合授信达87.6亿元。探索境外低成本资金利用模式，通过在我国香港、台湾等地区设立平台公司，利用投注差政策，成功实现香港低息资金调入境内，已获得各家银行内保外贷授信额度约20亿元。

发挥产业基金杠杆作用

集团发展至今，积累了一定的实力，同时也承担了更多的政府赋予的任务，仅省政府确定的闽台合作重点项目厦门联芯12英寸集成电路制造、中华映管第六代中小尺寸IGZO面板制造、台联电6英寸砷化镓集成电路制造、台联电DRAM设计制造等项目集团引领投资与跟进投资的资金需求就达100亿元。

以集团目前的资产规模和投资能力，还难以承担这么多的投资任务，如何做到"小马拉大车"？发挥产业基金的杠杆作用很重要。集团牵头设立总额为40亿元的电子信息产业基金和总额为50亿元的晋华基金，充分利用电子信息产业基金，积极引导重大电子信息产业项目落地，发挥国有资本的牵引和带动作用，扭转福建省"少芯缺屏"的局面，壮大了福建省电子信息产业规模，有力推进了产业转型升级。

集团与台湾"中华开发工业银行"共同发起设立闽台合作首只私募股权投资基金——华创（福建）股权投资企业（有限合伙）。该基金计划总规模为20亿元人民币，第一期筹集资金规模为10亿元人民币，其中集团出资1.92亿元。华创基金是台湾金融机构与大陆正式合作的首档人民币私募股权投资基金，投资对象为以海西为中心的战略新兴型产业的初创期企业及成长期企业。在短短的一年多时间里，华创基金先后投资了福建凯米网络、创发科技、福建神画时代等6家优秀企业，并储备了大量的潜在投资客户。通过这一投资平台，既能引进台湾股权投资资本、高端金融人才登陆，促进两岸金融资本和产业发展的有机融合，同时，还将发挥引导两岸产业链整合、产业升级转型以及培育发展战略性新兴产业的作用，亦将达到整合两岸资源、参与国际市场竞争的目标。

此外，集团还积极参与省国资委主导的国有企业改革重组基金，集团控股的星网锐捷公司与上海谦石投资公司共同发起设立谦石星网O2O产业投资基金，总出资额人民币4亿元，第一期出资额为1亿元，其中，星网锐捷出资2000万元，其余部分由谦石投资从社会募资。募集资金用于星网锐捷控股的福建凯米网络产业生态投资，探索“互联网+”产业发展新路径。

技术与商业模式创新并重

坚持技术创新

集团将培育企业科技创新能力作为工作的重中之重，连续多年开展“科技创新年”活动，采取切实有效措施提升企业技术创新能力。

为鼓励科技创新，集团将研发投入比重列为经营业绩考核重要指标，引导鼓励所属企业加大技术创新投入；建设企业研究院，打造国家级重点实验室、院士工作站、博士后工作站等创新平台；将研发人员绩效与其所服务的产品线市场业绩挂钩，让科技成果有效转化为产品竞争力；与知名高校、科研院所合作，在科研成果转化、科技人才培养等方面实现优势互补；在薪酬方案、股权激励方案设计、“评先评优”社会荣誉推荐等方面向一线科技人员倾斜，集团有两位科技带头人先后评上全国劳模。集团上下形成尊重爱护科研人员的浓厚氛围。

经过多年持续努力，集团研发投入占主营业务收入超5%，累计申请各项专利3422项，获专利授权2266项，软件著作权432项，参与制定57项国家、省部级及军用标准的技术创新成果，在福建省国资系统企业中遥遥领先。集团控股的星网锐捷公司2015年研发投入占销售收入比重超过14%，新产品销售收入对公司销售收入的贡献率达到85%以上，公司3000多人的应用研究院队伍也在福建省企业中独领风骚。

探索商业模式创新

集团在信息服务业项目推进和探索“互联网+”业务转型过程中，积极探索商业模式创新。星网锐捷旗下凯米公司在泛娱乐平台打造过程中，由单纯的点歌工具向综合服务业务延伸；由依附于星网锐捷集团，转向独立化、资本化运作，引入外部战略投资，开放融合；由专注耕植KTV行业向跨界领域延伸，积极结合BAT，整合各类资源，向互联网模式转型，摸索自身的商业模式。集团指定的政务信息化项目承接平台星云大数据公司在信息服务业平台建设及行业应用项目推进过程中，服务于“大众创新、万众创业”，通过共享能力平台，扶持与培育更多创业创新项目；打造能力开放共享的创新商业模式；打造政府公信力互联网平台，聚焦运营价值；寓管理于服务，开创政府项目建设运营新模式。

福建电子集团开发的智慧网络

[链接]

星云大数据的商业模式创新

福建省星云大数据应用服务有限公司（简称“星云大数据”）是福建省电子信息集团指定的政务信息化项目承接平台、专业化运营企业孵化基地、三维对接合资合作重要窗口以及智慧城市和两化融合带动单位。

2016年7月国务院印发《国家信息化发展战略纲要》，要求全面实施创新驱动发展战略；要惠及民生，完善公共服务平台；要以信息化推进国家治理体系和治理能力现代化，提高党的执政能力。《纲要》还提出要创新部门业务系统建设运营模式，试点推广政府和社会资本合作模式，鼓励社会力量参与电子政务建设。早在《纲要》公布之前，根据福建省委省政府的工作要求以及数字福建建设顶层设计规划，星云大数据就已在民生公共服务、国家治理能力信息化等战略方向展开布局，通过业务运营和资本合作模式创新，厚积薄发，迅速壮大自身实力。成立仅短短三年，陆续承担10项数字福建重点项目，包括云计算、公共能力平台、行业示范应用等，投资规模超过25亿，省内信息产业带动超过30亿，已逐渐成长为福建省互联网经济的主力军及公共服务平台建设运营的领军企业。

星云大数据把握时代机遇，以商业模式创新发展应对发展环境变化，引领经济发展新常态，是国家信息化实施创新驱动发展战略在福建省的生动（提前）实践。

模式创新1：能力聚合、能力开放，带动规模化发展

星云大数据结合“数字福建”建设历史经验以及智慧城市、政务应用顶层设计，牵头规划了位置信息、物联网、视频能力、多卡融合、大数据服务等五大公共能力平台，在保障企业自身健康发展的基础上，发挥国有企业社会责任，通过产业招商、广泛合作，聚合优质资源，形成福建省的互联网基础设施和能力池。

同时星云大数据将平台能力对外开放，基于公共能力平台再实现各行业应用建设。平台所有权与经营权分离，平台所有权归属国有，通过PPP模式招募有专业化运营经验的合作伙伴，形成混合所有制的平台运营主体，为“大众创业、万众创新”提供能力服务支撑，促进中小微企业快速发展，为政府、企业、公众提供大数据公共服务，实现国有资产保值增值的模式创新。优质资源的集约化建设和高质量的公共服务，将大大降低产业创新的成本，带动福建省信息产业发展。

模式创新2：寓管理于服务，开创政府项目建设运营新模式

星云大数据致力于网格化服务、党员服务等各类民生服务项目，寓管理于服务，开创政府项目建设运营新模式。

星云大数据负责设计规划的福建省网格化服务管理信息平台，基于“数字福建”的基础及智慧城市的底层构建，进行中国社会综合治理模式的改革，实现多元共治的“互联网＋社会治理＋政务服务”创新模式。构建基层综合服务管理平台，推动政府职能下移，促进公共行政向协同治理转变。突出“综合治理、政务服务、城乡管理、便民服务”等四大应用，为居民提供可信度强、办事成本低、高品质的服务，提升政府在人事、事务、团体组织等管理工作。目前启动省市两级试点工作，率先打穿行政部门数据壁垒，即将完成民政、公安、卫计、人社等99项政务服务下沉到社区网格，实现在社区即可办理低保，办理周期由原来的4～5个月缩短到1个月，真正实现习总书记提出的“让群众生活和办事更方便，让群众表达诉求的渠道更畅通，让群众感觉更平安、更幸福”总体目标。

星云大数据承接的“党员e家”党员教育管理综合服务平台，充分运用信息技术提高党员、干部、人才管理和服务的科学化水平，增强党的执政基础。通过对党员的全面化服务，增强组织凝聚力；以实名制形式，强化从严治党，形成系统性的党员管理模式。目前已有192万名党员及9.7万多个党支部入驻，被中组部列为示范项目拟在全国推广。

模式创新3：打造政府公信力互联网平台，聚焦运营价值

星云大数据转变传统业务模式思路，不仅仅根据要求实现政府示范项目建设、系统集成，更是深入挖掘公共信息资源增值开发利用，发掘项目所具有的互联网入口运营价值，打造具有政府示范公信力的互联网平台，借助互联网业务合作伙伴和创新产品，为公众提供增值服务。

福建省网格化服务管理信息平台在社区便民服务上，率先建立以政府为主导的产业开发、可信服务的“互联网+创业创新”模式，整合资质好、信誉度高、覆盖面广的海都公众、金太阳等品牌连锁企业，授信进入平台，把居家养老、便民服务等业务，拓展延伸到网格、居民家中，实现公共服务均衡发展和城乡全覆盖，加强供给侧结构性改革，提升人民生活品质。“党员e家”党员教育管理综合服务平台通过引入金融信贷机构等，为党员提供高额度信贷等创新服务。

顺应互联网经济、共享经济的发展趋势，星云大数据正是服务于“大众创新、万众创业”，更好地扶持与培育更多创业创新项目，致力打造能力开放共享的创新商业模式。与传统互联网产业融合消化吸收模式截然不同的是，星云大数据以国有企业的责任，坚持以“能力开放共享”桥梁方式助力广大中小微企业发展，通过广泛合作，带动整体产业发展，最终将转变成社会最大的财富。

重人才，抓根本

创新离不开人才，集团将人才当作企业的第一资源，坚持用人育人并重，健全选人用人机制，完善考核评价机制，引入人才竞争机制，创新分配激励机制，建立引人留人机制，建立人才培训、交流锻炼机制，致力于造就一批优秀的企业家、科技领军人物和专业技术尖端人才。集团倡导从业不分先后、材不分大小长短，做到不拘一格降人才，人尽其才、材尽其用。集团组建之初，就建立起市场化的用人机制，本部员工一律实行合同制、聘任制。每年举行一次人才招聘会，使集团人才得到源源不断的补充。大力引进台湾高端人才，现在有多个台湾专业团队为集团服务。集团还通过并购项目揽入一大批人才。如今，集团已经构筑起基数较大的金字塔状人才队伍，能够基本适应事业加速发展的需要。

加强制度建设防止国资流失

在国企改革的过程中，如何防止国有资产的流失，一直以来都是国家和民众比较关心的问题。集团也根据实际情况，制定了严格的制度，来防范国有资产的流失。

实行股权多元化，完善法人治理

国有控股、社会股东参股、骨干员工持股，是理想的混合所有制结构。一是既保持国有控股，又实现国有资本放大效应；二是社会资本参股，可以对企业重大决策和经营行为起监督制衡作用；三是骨干员工持股，既可以起长期激励作用，又可以实现内部人互相监督制衡。

“实践证明，实行这样的混合所有制以后，因为骨干员工持股，几乎在各个经营环节都有‘小股东’把着，过去诸如企业采购销售‘高进低出’等输送利益的现象不见了，况且内部掌握重要权力的人也都是小股东，只要经营绩效好，就可以分享到市场化的高薪酬，还有股权分红。如果能够上市，利益就更大了。用不着贪就有较高收益，再说那么多利益攸关者盯着也不敢贪。还有社会股东盯着，过去遇上麻烦‘官官相护’的事情也不见了，一旦有损害股东利益的事情发生，社会股东就会出来维权。而且骨干员工都把心思放在正事上，放在搞好经营上，放在增收节支上。”邵玉龙称。

[**链接**]

星瑞格软件通过员工持股成建制引入国际团队案例

福建星瑞格软件有限公司是省电子信息集团投资设立的国有控股软件企业，于2015年12月22日成立，引进IBM Informix数据库源代码与技术移转服务，并基于源代码开发出自主安全可控的星瑞格关系型大数据库管理系统。同时，整合原有团队自主研发的数据库调优及审计软件，创新并打造属于福建省的数据库产品，填补福建省在基础软件领域的空白与短板。

一、国际化团队，为了共同目标

星瑞格团队大部分来自原Informix公司，包含中国大陆及台湾地区，新加坡等地及欧美地区，平均具有20年以上数据库经验，技术水平居业内领先地位。星瑞格公司注重员工与企业共创价值、共享成果，从成立伊始就引入骨干员工持股机制，核心团队以现有三个数据库软件产品的相关权利及从业经验，作价后持有公司49%股权，作为员工的激励。同时，核心团队与公司签订业绩承诺约定，以确保公司权益。

二、超常规发展，力争实现赶超

星瑞格技术团队凭借精湛的技术以超常规速度加快研发部署，半年内完成所有商用版本的研发，并完成与主流国产操作系统、中间件的产品适配和互认证，比国内同类型厂商缩短了半年以上时间，已形成数据库软件与服务收入。2016年6月28日，公司召开“数聚巅峰·星火燎原”大型数据库产品发布会，正式面向市场发布产品及甲骨文数据库迁移成功案例，并与北京大学成立“北大－星瑞格数据库安全技术联合实验室”，极大提升星瑞格数据库的技术水平，且与中兴软创、曙光等国内大型企业签订战略合作协议，初步形成星瑞格数据库的产业生态圈。

三、肩负历史使命，挑战行业龙头

信息安全事关国家安全。星瑞格作为国有控股企业，承载着数据库国产化的使命，必须在数据库领域的供给侧改革中发挥引领作用，并把国有企业的公信力与市场完美结合。

政府是软件国产化的主导组织与推动者。星瑞格软件明确“先政府，后企业”的业务思路，全力投入了解省政府IT系统需求，帮助政府实现国产化改造。希望在此基础上，发挥政府的示范作用，消除企业的顾虑，引领数据库国产化的风潮。

据统计，中国数据库的年规模约为60亿元，国产数据库的市场份额不到5%，而甲骨文占55%，为32.5亿元。在此背景下，经营团队制定了明确的战略思路：以福建为原点，辐射全国市场，三年内达到全国市场5%的份额，五年内占10%的市场份额，八年挑战30%的市场份额目标，占领中国数据库市场的龙头位置，再以中国经验，走向国际市场。

星网锐捷并购上市、混合所有制改革及创新

一、电子集团并购与公司改制上市历程

2002年，集团出资5329万元，收购了福建星网锐捷通讯股份有限公司（以下简称星网锐捷）41%的股权，并继续保留了公司注册时员工持有的25%股权，其他3家股东分别持有24%、5%和10%，形成了国有相对控股、员工持重要股份的多元化股权结构，公司的法人治理也得以进一步完善。

为了更好地适应公司业务快速发展的需要，2003年公司股东同比例增资1亿元，完成了公司的增资扩股，并于2005年完成股份制改造，2010年6月23日，星网锐捷于深交所中小板公开上市，成为一家以创新为源动力的公众公司。至此，星网锐捷开启了做一流ICT应用方案提供商、创上市公司自主创新典范的征程。目前，星网锐捷已发展成为市值、品牌价值双超百亿，国内领先的ICT应用方案提供商和国家级创新企业。

二、多元化股权结构推动企业健康持续发展

电子集团的入主，是星网锐捷发展历程中至关重要的一步，电子集团占星网锐捷28%的股权，成为星网锐捷的相对大股东，与公司经营团队、骨干员工持股构成了多元化的股权结构，使得公司股权结构进一步科学化，公司的法人治理更趋完善，对公司的长远发展产生了巨大的推动作用。电子集团在入股时对星网锐捷提出“3个支持”的原则：支持现有高管骨干团队的稳定性；支持星网锐捷的市场和创新机制不变；作为大股东的电子集团对星网锐捷的支持不会变。

在多元化的股权结构下，公司经营团队和骨干员工持有公司的股份，与公司成为利益共同体，保证了股东、员工与企业利益的一致性。在决策机制上，这种多元化的结构，也充分保证了星网锐捷

经营的灵活性，公司的经营团队可以完全依照市场发展的规律，对市场策略、科研投入、人员薪酬等作出快速反应，各业务单元实行严格的绩效考核和独立核算机制，从而避免了因层层审批而丧失市场主动权的问题。

电子集团的持股，扭转了以往大股东一股独大的弊端，改变了以往大股东为了自身利益而侵害公司及少数股东权益的现象，从根本上改变了公司治理结构失衡的局面。星网锐捷采取的分层治理结构，股东会、董事会、监事会和经营层分层决策、各司其职、各负其责。大股东对公司的重大发展战略、资产处置和对外投资进行监管，经营团队专心负责公司在完全竞争的市场情况下的产业运营，实现了公司法人治理的专业化、科学化和高效率。2004 年公司按照上市公司的要求实施股份制改造后，制定了聘任专业人士担任公司独立董事的机制，进一步增强董事会决策的公正性和科学性。

三、以人为本打造企业与员工的共赢平台

星网锐捷始终把人才作为企业最具有活力、能动性、创造性的要素，以此建立了完善的人才吸引、培养与创新激励机制，为员工创造广阔的事业平台，制定了“以一流的薪酬，吸引一流的人才，创造一流的业绩”的人力资源政策。

在激励机制上，公司推行了“骨干员工持股”计划。不仅在星网锐捷股份公司层面，在各个业务单元中都建立了母公司控股、子公司骨干员工持有重要股份的股权激励体系，包括未来的业务单元都是按照这一股权结构来设计的，从而确保了员工与公司利益的高度统一，成为事业发展的共同体。

除此之外，星网锐捷在日常工作中还围绕以“创新”为核心的企业文化，精心设计了针对不同岗位、有针对性的激励政策：例如以研发、营销人员为主体的年度科技创新奖、突出贡献奖、i-STAR团队奖评选；面向总部部门员工的管理创新奖；针对供应链员工的线上明星等多元化的激励体系。这些奖励着眼于公司发展和员工个人成长的长远利益和根本利益，实行绩效联动的激励机制，打造个人与企业发展的共同平台。

四、技术创新，实现全面突破

自公司创立以来，星网锐捷始终坚持以创新为核心的“i-STAR”企业文化，包括技术创新、市场应用创新和管理创新三个维度的创新。

其中，技术创新是星网锐捷创新文化的源头，也是星网锐捷重中之重的工作。它包括了“以企业研究院为核心的自主创新体系”和以“产学研相结合的开放式技术创新体系”。

为此，星网锐捷建立了北京、福州、上海、厦门、华科、成都等六大网络通讯研究中心所组成的星网锐捷网络通讯研究院，拥有国家级企业技术中心、科技部国际科技合作基地和博士后科研工作站，以及福建省院士专家工作站和唯一的省级网络工程实验室。在产学研相结合方面，与中科院计算所、清华大学、北京大学、浙江大学、华中科技大学、厦门大学、中山大学、福州大学等著名科研院所建立长期产学研合作；与Intel、AMD、Microsoft、VMware等携手创立联合实验室；与Citrix、华为、浪潮、BAT等国内外著名厂商广泛开展多层次、全方位的技术合作。

目前，星网锐捷拥有研发人员3000多人，占公司总人数的40%以上，每年持续将超过10%的销售收入投入研发，2015年研发投入高达6.5亿元。在技术路线上，星网锐捷一直跟踪全球最顶尖的网络通信技术，通过低端切入、高端突破的方式，实现领先技术的快速产业化，并因此创造了国内首款 IPv6 交换机、全球第一台支持云数据中心和云园区网的核心交换机 Newton、亚太领先的云支付整体解决方案、全球首套互联网云娱乐系统魔云等众多业界第一，并形成了大批具有国内和国际领先水平的核心技术。截至2015 年12 月，星网锐捷已申请专利2149 项，位居国家知识产权示范企业之列。

实行股权代表制度，加强内部过程监督

集团在实施产权多元化改革过程中，建立起了股权代表制度，通过派出董事、监事和财务总监等高管人员作为国有产权代表，参与所属企业决策和经营，一方面发挥出应有的正能量，另一方面担负维护国有股权合法权益的使命，并且每个权属企业都有 1 名首席产权代表，其日常要向集团报告重大事项，年终要向集团作述职述廉报告，并且与薪酬绩效考核相挂钩。

这种国有产权的人格化代表，是国有产权的最直接代理人，担负着贯彻国有股东意图、维护国有股东权益的重要职责，参与企业的重大经营决策，肩负着监督经营者的职责，是委托代理制的核心所在，对于防止国有资产流失、促进国有资产保值增值发挥了积极的作用。

加强制度建设，防范各类风险

一是建立“三重一大”决策制度。集团“三重一大”事项必须经过党委会、董事会联席会议集体讨论一致通过，分别记录并作出会议纪要。特别是重大投资必须经过可行性研究、尽职调查和第三方评估论证，有效防范投资风险。二是建立健全财务制度。集团通过建立财务预决算制度、资金会集管理制度、成本核算制度，形成

财会制度体系，通过畅通各种融资渠道，包括直接融资、境内外融资，一方面能够为事业发展提供资金保证，另一方面不断降低融资成本，从而财务风险得到有效控制。三是建立审计制度。设立了审计稽核部，负责综合审计、经济责任审计、专项审计、专项调查、并购项目后评价等工作，成为集团内控体系的“侦察兵”“保健医生”，做到发现在前、在早、在小，有小病就开方吃药，治病救人，防微杜渐，有效防范了经营风险。为集团及时了解企业的经营情况、财务状况、内部控制及“三重一大”决策制度执行情况，提供可靠的信息和发挥参谋作用。四是建立法务制度。集团通过建立法律总顾问制度，设立法务部门，配备法务人员，严格审核把关合同、协议以及企业文件合规性审查，企业的法治化程度不断提高，法律诉讼案件越来越少，法律风险得到比较有效的控制。

文化引领，保障基业长青

先进的企业文化是企业持续发展的精神支柱和动力源泉，是企业核心竞争力的重要组成部分，是社会主义先进文化的重要内涵。集团通过提炼，打造了“和谐、创新、卓越、共赢”的核心价值理念，树立起“只有创业，没有守业”的事业观，坚持“每天都是第一天”的工作态度，打造企业功勋文化，构建起“严明的政治生态、优良的产业生态、健康的人文生态”的正确导向，提倡“聚指成拳，精诚协作”的团队精神，这些汇聚起来，形成了集团核心价值体系。集团及所属企业通过组织开展丰富的活动，让企业文化内化于心、固化于制、外化于形，使之发挥最大的价值。

“十三五”期间，集团计划加大投资力度，上一批重大项目，计划投入近200亿元，带动项目总投资上千亿元，居省属工业控股集团首位；到2020年，力争营业收入达到500亿元，步入中国企业500强行列。集团将继续坚持做强做优做大主业，做精辅业，坚持规模化发展集成电路、液晶面板、信息服务、网络通信等四个主业板块，特色化发展电机、PCB、军工、LED等四个主业板块，精细化发展类金融、文创、贸易、置业等四个辅业板块，以五大发展理念为统领，进一步增强改革定力、聚集改革资源、激发改革活力，勇于实践、勇于创新，攻坚克难、真抓实干，力争发展成为具有较强核心竞争力的区域性行业龙头企业和具有一定影响力的全国IT企业。

（撰稿：张　彬）

[专家点评]

高明华

北京师范大学公司治理与企业发展研究中心主任，教授，博士生导师，国家社科基金重大项目首席专家

福建省电子信息集团的成功关键在于遵循市场化规则，主要表现在：一是推进混合所有制改革，积极引入民营资本，甚至出让控制权，这调动了民营资本参与国企混合所有制改革的动力，也为企业做强打下了坚实的基础。另外，也在一定程度上有利于解决国有股“一股独大”的问题。二是实行骨干员工持股，骨干具有动态性，哪位员工成为骨干，他就可以进入员工持股行列，这不仅有助于调动骨干员工的积极性，也有利于调动其他员工的积极性。而且，员工持股也可以加强对高管的监督。三是明确各治理机关的权责，从

而形成了决策机构、监督机构和经营管理者之间的科学有效的制衡机制。权责明确，既有利于科学决策，也有利于有效监督，亦有利于执行到位。四是有效资源重组，无效资源剥离。对于无效资源，不再拘泥于传统的“救活”，而是敢于“放弃”，因为试图对无效资源“救活”所付出的成本可能远高于“放弃”的成本。五是推进集团资产证券化，基本搭建了资本运作平台。通过资产证券化，提高了资本运作效率，盘活了不良资产，增强了资本增值能力。

福建省电子信息集团在既有成功经验的基础上，还需要在以下方面深化改革：一要落实责任机制，实现权利和责任对称，责任和权利要落实到个人，同时要强化对决策和监督的错误和失误的追究机制；二是对上市公司的员工持股，要注意持股的员工和高管合谋产生内幕交易的风险；三是集团母公司对二级及以下企业还可以进一步放权，因为控制权不是体现在派出人数的多少上，要基于资本整体的增值能力来探讨更有效率的监督机制。